EL PASADO LEGENDARIO

Mitos

Mesopotámicos

HENRIETTA McCALL

Traducción de
José Ángel Fernández Canosa

W9-CLO-865

1.ª edición, 1994
2.ª edición, 1999
Título original: *Mesopotamian Myths*
© British Museum, 1990
© Ediciones Akal, S. A., 1994, 1999,
para todos los países de habla hispana
Sector Foresta, 1
28760 Tres Cantos
Madrid - España
Tel.: 91 806 19 96
Fax: 91 804 40 28
ISBN: 84-460-0346-5
Depósito legal: M. 5314-1999
Impreso en Iberica Grafic, S. L.
Fuenlabrada (Madrid)

Diseño: Gill Mouqué
Portada: Slatter-Anderson

PORTADA: *Sugerente detalle del relato del Diluvio, de un fresco del palacio del rey Zimri-Lim de Mari (siglo XVIII a. de C.).*

EN ESTA PÁGINA: *Panorámica de las marismas iraquíes.*

**Nota del Autor sobre los textos
originales incluidos en la edición.**
En los lugares en que resulta posible, el
texto acadio ha sido reforzado utilizando
fragmentos y duplicados, pero aun así
quedan a veces algunos huecos. Pasajes
paralelos permiten a veces rellenarlos,
indicándose entre corchetes las palabras
así insertadas. Donde esto no resulta
posible, las palabras o frases que faltan se
señalan con puntos suspensivos. En
cuanto a los términos intraducibles,
ofrecemos en cursiva su transcripción.

Índice

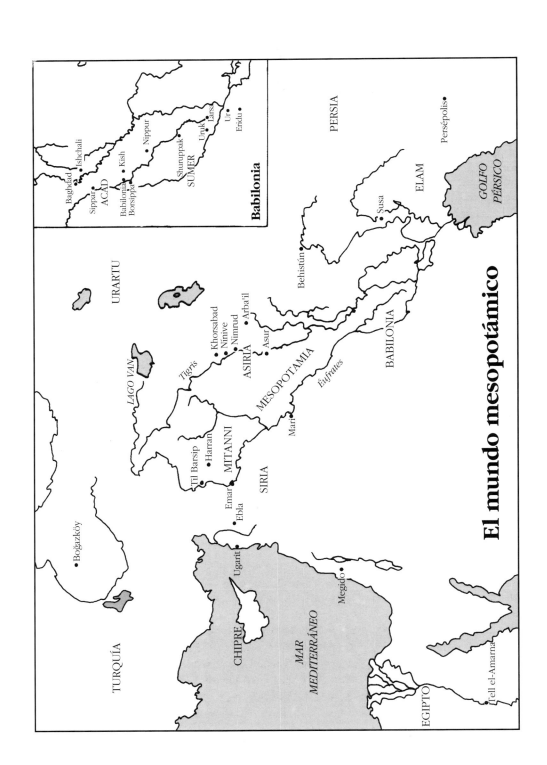

El mundo mesopotámico

PERSIA

Persépolis•

ELAM

GOLFO
PÉRSICO

•Behistún

Susa•

Babilonia

Baghdad
•Ishchali

Nippur•

Larsa
Uruk•
Ur•
Eridu•

Shuruppak•

Sippar• Kish•

ACAD
Babilonia•
Borsippa•

SUMER

URARTU

LAGO VAN

Khorsabad•
Nínive•
Arba'il•
Nimrud•
ASIRIA Asur•

Tigris

MESOPOTAMIA

BABILONIA

Éufrates

Mari•

Til Barsip•
Harran•
MITANNI

SIRIA

Emar•
Ebla•

•Boğazköy

TURQUÍA

Ugarit•

CHIPRE

MAR
MEDITERRÁNEO

Megido•

EGIPTO

Tell el-Amarna•

Introducción

Mesopotamia, el viejo país que comprende Asiria al norte y Babilonia al sur, es para muchos un territorio nada familiar. Algunos aspectos son, por supuesto, bien conocidos por sus conexiones bíblicas: las glorias de Nínive y Babilonia, la naturaleza sanguinaria de los guerreros asirios, el poder mágico de los adivinos babilonios, los ricos y poderosos comerciantes, el tipo de vida sensual y lujoso. Los nombres de Hammurabi, Nebucadrezzar, Tiglat-Peliser, Asurbanipal y Senaquerib son grandes. Los magníficos relieves del Museo Británico y del Louvre hablan de victorias, orden, autoridad; muestran los preparativos para la batalla, la lucha, los asedios, los carros de guerra y las espléndidas cacerías de leones. Como corresponde al enorme tamaño de estos relieves, sus guardianes son realmente monumentales: toros y leones alados colosales, de cinco patas e inmaculadamente rizados y enjaezados. Mucho de lo que sabemos de esas civilizaciones antiguas es aquello que los que allí vivieron hace tanto tiempo querían que supiésemos. Se trata de propaganda a gran escala.

Sin embargo, la información es bastante distinta cuando proviene de registros que no estaban destinados a hablar deliberadamente a la posteridad. Mesopotamia ha producido grandes colecciones de tablillas de arcilla que registran todo, desde el más simple recuento de ovejas hasta el procedimiento más oscuro de adivinación. Las tablillas forman un corpus que abarca un conjunto de temas de interés para las personas de su época. Tales informaciones no son fáciles de asimilar o de interpretar en un mundo muy alejado de sus orígenes. Quizá por ese motivo son del máximo interés para todos.

Aunque muchas de estas tablillas contienen una información que puede ser considerada como trivial, algunas de ellas pueden ser descritas con propiedad como literarias. Cuentan historias que para la mayoría ya no son familiares, si bien en la antigüedad algunas eran bastante conocidas. Estas historias no se pudieron leer desde aproximadamente la época del nacimiento de Cristo hasta la mitad del siglo pasado, momento en que se logró descifrar la lengua en la que están escritas: el acadio. En el primer capítulo de este libro se cuenta la historia de su desciframiento, así como el impacto que produjo.

En el mito más largo, la **Epopeya de Gilgamesh,** el héroe Gilgamesh es un rey semidivino de Uruk, que, tras la muerte de su amigo Enkidu, va en busca de la vida eterna, una tarea que lo lleva hasta Ut-Napishtim, el superviviente de un gran diluvio. Un diluvio enviado para castigar a la humanidad es también el tema de un mito de **Atrahasis**. La **Epopeya de la Creación** habla de los comienzos del mundo y de la construcción de la gran ciudad de Babilonia bajo la protección de su dios Marduk. Mitos más breves son **El descenso de Ishtar**

a los Infiernos, en el que la diosa Ishtar desciende para visitar a su hermana Ereshkigal, la reina de los infiernos, de donde casi no puede regresar. Un mito semejante en muchos aspectos es el de **Nergal y Ereshkigal,** en el que Nergal desciende a la tierra que no tiene retorno y seduce a su reina. La **Epopeya de Erra** habla de Babilonia en decadencia, con su dios patrón ausente temporalmente; **Etana** narra las peripecias de un rey sin hijos en busca de una planta mágica que le asegure un heredero; **Adapa,** las de un sacerdote de Ea que rompe a propósito el ala del Viento Meridional y es llevado al cielo para que responda de su conducta; y la **Epopeya de Anzu,** la historia de un pájaro malvado que le roba al dios Enlil la Tablilla de los Destinos (que dota de supremo poder a quien la posee), y que es muerto en un glorioso combate por el dios Ninurta.

Todos los mitos tratan sobre los dioses y los habitantes de Mesopotamia. Muchas de estas divinidades se comportaban –bien o mal– de una forma que era tranquilizadoramente familiar a su audiencia. La partes más excitantes e impredecibles de estos mitos solían suceder en lugares que podían ser extraordinarios, pero al mismo tiempo suficientemente reales como para llamar la atención: en bosques, en el mar, en las montañas. El ritmo de la acción es siempre lento, y a menudo objeto de presagios a través de sueños y advertencias o incluso descrita de antemano por otro personaje, por ello hay pocas sorpresas y poco suspense. Abundan los epítetos preestablecidos, lo que incrementa el carácter majestuoso del los textos.

Las traducciones ofrecidas en este libro preservan las longitudes y el orden de la líneas de las tablillas. La poesía rimada tal como nosotros la concebimos no existía, pero los recursos literarios tales como retruécanos, aliteraciones y onomatopeyas ayudan a dotar a esta poesía de un ritmo interno.

La forma en que se usa el ordenamiento de las secuencias, y el recurso literario por el que una acción se repite una, dos, tres o más veces a fin de hacer crecer la tensión dramática, se ha mantenido en los fragmentos aquí ofrecidos. Con este mismo espíritu, se ha evitado la tentación del traductor de usar varios adjetivos cuando el acadio se limita a uno solo, o la de modificar el texto para una audiencia contemporánea más sofisticada. Las traducciones reflejan, tanto como es posible hacerlo, el tremendo impacto y las sutiles cualidades inherentes de los originales.

Estoy profundamente agradecido a la Dra. S.M. Dalley de la Universidad de Oxford por las traducciones, que se han tomado de su libro *Myths from Mesopotamia* (Oxford, 1989).❐

Descubrimiento y desciframiento

En la primera mitad del siglo XVII, un noble italiano refinado y culto llamado Pietro della Valle hizo un viaje espectacular al este, un viaje que empezó en Venecia y que lo llevó hasta Constantinopla, Alejandría, por el desierto del Sinaí, de vuelta a las pirámides, y a través de Palestina en caravana hasta Damasco, Aleppo y Bagdad. Allí se casó con una hermosa cristiana nestoriana y un año después partió una vez más de viaje con su esposa. Fueron a Isfahan y Persépolis, la capital de la Persia aqueménida (559-331 a. de C.), cuyas maravillas Della Valle fue uno de los primeros viajero en describir. También copió un gran número de inscripciones grabadas en las puertas del palacio en tres versiones diferentes de una extraña escritura con forma de cuña.

Doce años más tarde, regresó a su Roma natal, habiendo visitado por el camino la India. Su esposa había muerto unos diez años antes y su cuerpo embalsamado lo había acompañado siempre desde entonces. También con él estaban las copias de las inscripciones de Persépolis. Era la primera vez que se veía en el Occidente esa escritura críptica y exótica.

En el año 1700 el *Regius Professor* de hebreo de Oxford, Thomas Hyde, escribió acerca de las adquisiciones de Della Valle en un trabajo titulado «Dactuli pyramidales seu cuneiformes» (signos de forma piramidal o de cuña), y así fue como esta escritura con forma de cuña recibió el nombre de cuneiforme. El desciframiento, sin embargo, se producirá algún tiempo después.

El alemán Georg Friedrich Grotefend se dio cuenta de que las tres versiones de la inscripción persepolitana de Della Valle representaban tres lenguas diferentes: antiguo persa, elamita y babilonio, de las cuales no se comprendía ninguna. Grotefend decidió empezar con la versión en antiguo persa y hacia 1802 fue capaz de presentar una traducción convincente. Entre tanto, algunos estudiosos en Francia, Alemania y Dinamarca estaban también trabajando en la misma inscripción, de la que un danés, Carsten Niebuhr, había hecho una copia, publicándola en 1772.

Fue, sin embargo, un inglés, Henry Crewicke Rawlinson, el primero que presentó una traducción convincente de una inscripción en antiguo persa en un trabajo que leyó en la Real Sociedad Asiática en Londres en 1838. Según un apunte autobiográfico, había empezado sólo tres años antes «el estudio de las inscripciones cuneiformes de Persia, residiendo entonces en Kermanshah...». Durante 1835 y 1836 Rawlinson había copiado la parte en antiguo persa de una inscripción trilingüe grabada en la parte alta de la ladera de una montaña en Behistún (Bisitun), en el Irán occidental. En 1844 escaló de nuevo la misma montaña para abordar la parte en babilonio. Le llevó tres años: con la ayuda de un ágil muchacho nativo fue izado por la ladera rocosa perpendicular por medio de cuerdas y escalas y luego precariamente colgado a unos 300 pies (100 m.) sobre el suelo, limpiando primero las inscripciones y luego copiándolas. A los dos años había descifrado correctamente 246 signos de un total aproximado de 600. Su trabajo fue publicado por la Real Sociedad Asiática en 1852.

Mientras tanto, el interés en temas asirios estaba creciendo en Europa. En marzo de 1843 Paul Emile Botta había empezado a excavar en Khorsabad, construida por Sargón II al final del siglo VIII a. de C. para que fuese su nueva capital. Casi inmediatamente Botta empezó a desenterrar planchas de piedra caliza esculpidas en relieve. En 1845 Austen Henry Layard empezó a excavar en Nimrud, la bíblica Calah, construida para ser su nueva capital por Asurnasirpal II en el 879 a. de C. Casi al momento, Layard también descubrió el tesoro: inmensos paneles de piedra inscritos con caballos y jinetes, cautivos humillados, asedios, ataques a ciudades fortificadas, guerreros vadeando ríos y arqueros sobre carros. Había también escenas de cacerías de leones y una extraña imagen antropomórfica de una deidad con cabeza de halcón de 7 pies (en torno a 2 m.) de altura. Algunos de los paneles estaban, además, inscritos con cuneiforme. En 1846 se unió a Layard un ayudante, Hormuzd Rassam, hermano del vicecónsul británico en Mosul. Juntos desenterraron grandes fragmentos de hombres-toros colosales con alas, y más paneles de piedra inscritos. Una gran colección de estos objetos, incluyendo el Obelisco Negro de Salmanasar III, fueron enviados –no sin dificultades debido a su tamaño y peso– al Museo Británico. Mientras, los hallazgos de Botta habían iniciado su incómodo camino hacia París.

En junio de 1847, cuando los colosos y los grandes relieves llegaron a Londres, no había manera alguna de saber cómo reaccionaría el público. Cualquiera que fuese el interés que hubiese en los asirios, éste estaba basado en su mala reputación, alentada por la Biblia y por los autores clásicos y los investigado-

Pietro della Valle.

Henry Creswicke Rawlinson.

Dibujo (arriba a la izquierda) que muestra la inscripción tripartita en cuneiforme que está en lo alto del acantilado en Behistún; (a la derecha) el Obelisco Negro de Salmanasar III.

res. Los asirios eran vistos no sólo como vanidosos y violentos bandidos interesados en violar y saquear, sino también como licenciosos, perversos e inmorales en sus vidas privadas. Esto hacía muy difícil atraer al público victoriano. Pero, de hecho, encontraron la exposición muy de su gusto: el enorme tamaño y la confiada realización de los objetos sugerían un imperio mucho más antiguo basado sobre la misma inconmovible fe en su vigorosa permanencia. El público acudió en masa al Museo Británico, animado por *The Illustrated London News* con una página entera dedicada al evento y algunas excelentes ilustraciones: «Las recientes excavaciones y descubrimientos» excitarían la curiosidad «no sólo de anticuarios sino de todos los estudiosos de las Escrituras, por la ilustración que proporcionan de pasajes de las Sagradas Escrituras...»; la revista continuaba dando una minuciosa descripción de los once paneles. A finales de agosto llegó una segunda partida de unos quince objetos nuevos. *The Illustrated London News* comentó, a pesar de los cinco dibujos de unas líneas más abajo que lo desmentían, que «esta segunda colección de esculturas desmerece el interés poético e histórico que de forma tan eminente caracterizaba a la anterior partida ...». En 1849

11

Layard publicó *Nínive y sus restos (Nineveh & Its Remains),* su propio relato de las excavaciones, del que el primer año se vendieron ocho mil copias que, según Layard, «lo situarían al mismo nivel del libro de cocina de la Sra. Rundell».

En 1851, coincidiendo con la Gran Exposición, la moda de los asirio estaba en pleno auge. La joyería se hacía utilizando motivos de las grandes placas de piedra, y la firma londinense Henry Wilkinson & Co. producía enfriaderas de vino galvanizadas con grabados de toros con cabeza humana y de un rey asirio. El toro o león alado en una repisa fue un motivo arquitectónico muy común tanto en Inglaterra como en Francia. Un «toro alado de Nínive» hizo su aparición en una canción popular y, en 1880, el «mayor general» Rawlinson era satiriza-

Cofre plateado (arriba) regalado a Austen Henry Layard en 1853. La parte delantera muestra una escena de una caza del león del rey Asurbanipal, con un toro alado a la izquierda y un león alado a la derecha.

Un brazalete (debajo) de oro con esmaltes al estilo de la moda «asiria». Hecho en Londres hacia el 1872.

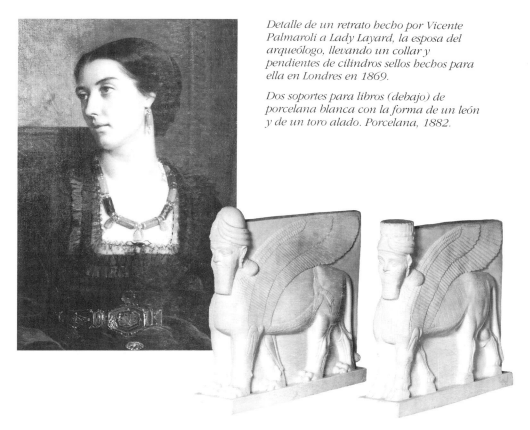

Detalle de un retrato hecho por Vicente Palmaroli a Lady Layard, la esposa del arqueólogo, llevando un collar y pendientes de cilindros sellos hechos para ella en Londres en 1869.

Dos soportes para libros (debajo) de porcelana blanca con la forma de un león y de un toro alado. Porcelana, 1882.

do por Gilbert y Sullivan: en *The Pirates of Penzance* el moderno «general mayor» cantaba: «Puedo escribir una factura de lavandería en cuneiforme babilónico».

Así, cuando Rawlinson publicó su inscripción de Behistún en 1852, había ya cierta familiaridad junto a un creciente interés por la antigua civilización asiria. En 1853 se creó la Fundación para la Excavación de Asiria que patrocinó las excavaciones de W.K. Loftus en Warka, la antigua Uruk. Pero no sería hasta veinte años más tarde cuando la nueva técnica de lectura de las tablillas en cuneiforme haría posible el que los investigadores intentasen la interpretación de esta antigua civilización.

George Smith tenía sólo siete años cuando llegaron al Museo Británico los primeros objetos de la antigua Mesopotamia. Nació en 1840 y apenas recibió instrucción antes de convertirse en aprendiz en el negocio del grabado de billetes de banco. Muy pronto, no obstante, quedó fascinado por la Asiriología y antes de cumplir los veinte años era ya un persona tan conocida en el Museo Británico que nada menos que un personaje como Henry Rawlinson se interesó por él, permitiendo que el joven usase su propia habitación, donde podía trabajar con tablillas de arcilla. Tal era el calibre de su trabajo que en 1867 fue nombrado ayudante en la sección de Asiriología del Museo, y en 1871 publicó *Annals of Assurbanipal (Anales de Asurbanipal)*.

Smith también había estado ocupado catalogando la colección de tablillas de la sección de Asiriología según un criterio temático. En el apartado titulado «Mitológico y mítico» puso juntas unas ochenta tablillas de la biblioteca de Asurbanipal en Nínive, y cuando ya había cotejado una de ellas y empezaba a traducirla, de repente se dio cuenta de que estaba leyendo el familiar relato del Diluvio. Estaba tan fuera de sí por la excitación que se puso a dar vueltas frenéticamente por la habitación y empezó a rasgarse las ropas.

Algunos meses más tarde, el 3 de diciembre de 1872 leyó un trabajo en la Sociedad de Arqueología Bíblica. Su anuncio provocó una ola de excitación: un texto pagano que aparentemente anticipaba el Arca de Noé... Su audiencia estaba toda impaciente.

El dueño del *Daily Telegraph,* Sir Edwin Arnold, le ofreció al Museo Británico mil guineas para que Smith pudiese ir a Nínive en busca del resto de la tablilla. Smith partió en enero de 1873, pero hasta primeros de mayo no finalizaron las gestiones necesarias con el gobernador otomano en Mosul. Una vez que Smith comenzó el trabajo, revolviendo los escombros de excavaciones anteriores y buscando fragmentos de material con inscripciones, fue casi inmediatamente recompensado. Tenía como costumbre pasar las noches repasando los hallazgos del día y, en la quinta noche, encontró para su «sorpresa y placer» que uno de los fragmentos que acababa de limpiar contenía la mejor parte de las diecisiete líneas perdidas que pertenecían aparentemente a la primera columna de la tablilla del Diluvio y que encajaban en el único lugar donde había una laguna en la historia de Gilgamesh.

En ese mismo año, Smith regresaría una vez más a Nínive. Como más tarde relataba en una carta al *Daily Telegraph* (4 de marzo de 1875), se había traído consigo en su primera expedición otro interesante fragmento, aparentemente no relacionado con la Epopeya de Gilgamesh. Cuando tuvo tiempo de leerlo con detenimiento, se dio cuenta con creciente excitación que era «parte del relato caldeo de la Creación», y decidió encontrar todo lo que pudiese del resto. En su segunda expedición, por un golpe de suerte semejante, descubrió entre los escombros en los que había encontrado el fragmento perdido de la Tablilla XI de Gilgamesh «otro fragmento perteneciente a esta historia, mucho más valioso... Resultó que contenía la historia de la inocencia original del hombre, de la tentación y de la caída».

Smith había encontrado por casualidad fragmentos de otro mito al que ahora llamamos la Epopeya de la Creación. Juntándolos en el Museo Británico, pudo trazar paralelismos con el relato bíblico de la creación del hombre en el Génesis. Prometió a los lectores del *Daily Telegraph* que «cuando mis investigaciones estén completas, publicaré una relación completa y una traducción de esas leyendas del Génesis, todas las cuales he tenido la fortuna de encontrar...».

Desgraciadamente, Smith fue incapaz de cumplir su promesa. En su tercera expedición a Nínive, contrajo un virulento ataque de fiebre y murió en Aleppo el 19 de agosto de 1876, a la edad de treinta y seis años.

El interés suscitado por su trabajo no murió con él. En 1885 O.C. Whitehouse publicó una traducción inglesa de la popular obra de Eberhard Schrader *Die Keilinschriften und das alte Testament (Las inscripciones cuneiformes y el Antiguo*

George Smith.

El Profesor Doctor Friedrich Delitzsch.

Testamento), que tuvo su segunda edición en 1888. La obra original de Schrader llegó a las tres ediciones, y en 1903 fue totalmente reescrita por H. Zimmern y H. Winckler. Este último publicó luego su propio libro sobre inscripciones cuneiformes que ilustraban el material bíblico.

En Alemania se levantó una tempestuosa controversia cuando la principal figura de la Asiriología del momento, Friedrich Delitzsch, dio una conferencia titulada «Babel y la Biblia», el 13 de enero de 1902, en la Sociedad Oriental Alemana, entre cuya audiencia se encontraba el Kaiser Wilhelm II. Su conferencia se convirtió en un acontecimiento histórico. Las nuevas y exactas traducciones de Delitzsch mostraban que la Biblia no era, como antes se pensaba, el libro más antiguo del mundo sino que de hecho había sido precedida por una literatura de época mucho más temprana. Había grandes semejanzas entre los mundos antiguos, pero el Antiguo Testamento, a su parecer, no podía seguir siendo considerado como único y, por lo tanto, como pura revelación. De hecho, el trabajo de Delitzsch cuestionaba la autoridad de fondo del Antiguo Testamento. Tal fue el escándalo en la primera conferencia, que un año más tarde Delitzsch dio una segunda, emplazando a los teólogos a adoptar una visión equilibrada en relación con lo que veían como ataques a apreciados pasajes de la Biblia, y a prepararse para la enseñanza de la Asiriología: «No hay necesidad de tragárselo todo, ni de arrojar la Biblia al mar como basura vieja».

Esto no fue suficiente para el Kaiser, quien, deseando tal vez disociarse de su inicial entusiasmo, escribió para el semanario *Grenzboten* el 19 de febrero de 1903, describiendo como «un gran error» que el profesor Delitzsch se hubiese acercado al asunto de la revelación con un «espíritu tan polémico». «La religión», escribió, «no ha sido nunca el resultado de la ciencia, sino del desahogo del corazón y de la esencia del hombre en su relación con Dios.» Una semana más tarde, *The*

Times de Londres publicó una larga defensa de Delitzsch hecha por su «amigo y colega en el campo de los estudios asirios durante más de veinticinco años», W. St Chad Boscawen, que dijo que Delitzsch era víctima de un ataque imperial lo suficientemente fuerte como para desposeerlo de su cátedra en la Universidad de Berlín porque, como «mero historiador y asiriologista», se «había atrevido a meterse en el mundo de las conclusiones e hipótesis teológicas y religiosas».

Menos controvertido fue un trabajo de traducción publicado en 1909, que se convirtió en la referencia estándar para los estudiosos de la Biblia. Eran los *Altorientalische Texte und Bilde zum alten Testament* («Antiguos textos orientales e imágenes del Antiguo Testamento») de Hugo Gressmann. Menos de veinte años después, en 1926, fue necesaria una edición totalmente nueva debido a los descubrimientos de nuevos textos y a la mejorada comprensión de otros. La cantidad de traducciones presentadas a los lectores casi había sido duplicada.

La primera colección en inglés de textos cuneiformes, *Cuneiform Parallels in Old Testament,* fue publicada por R.W. Rogers en 1912. El material disponible se presentaba tanto transliterado como traducido. Fue seguido en 1916 por *Archaeology and the Bible,* que contenía traducciones mezcladas con notas que remitían a paralelos bíblicos. Este libro era revisado periódicamente; la séptima edición apareció en 1937. Un nuevo hito fue la publicación en 1950 de *Ancient Near Eastern Texts* por la Princeton University Press, casi un siglo después de que Rawlinson publicase su inscripción de Behistún. Esta gran compilación de textos se erigió sobre la base de que eran paralelos a, o ilustrativos de, ciertos pasajes del Antiguo Testamento. Los criterios seguidos para la inclusión eran la aparición de un nombre bíblico, el tratamiento de un tema bíblico, o que el texto representaba una forma literaria (como una oración, una lamentación o un ritual) muy característica del Antiguo Testamento.

De todo esto puede deducirse que durante mucho tiempo el interés predominante por los textos mesopotámicos radicaba en su conexión con la Biblia. Durante todo el siglo XIX la verificación de la Biblia fue una gran preocupación de las capas ilustradas. Esta preocupación llegó a ser enorme a mediados de siglo, cuando el progreso científico empezó a competir con las creencias religiosas. *El origen de las especies* de Darwin, apoyado en un trabajo pionero de datación de fósiles, probaba que la tierra tenía millones años y no miles, y que la vida había evolucionado a través de este largo período y que no había sido creada en una semana. Esto hizo que la gente se preguntara por primera vez sobre la veracidad literal de la Biblia. Y hallaron esta pregunta muy inquietante. Al mismo tiempo, querían «probar», o todo lo contrario, hechos tales como el Diluvio de Noé. No es sorprendente, pues, que los mitos recientemente legibles de Mesopotamia que parecían ofrecer esta prueba causaran tal impacto cuando salieron por primera vez a la luz pública. Hoy en día se les considera por derecho propio como un corpus literario con sus propios méritos independientes. Siempre habrá un motivo, sin embargo, para la comparación con los textos del Antiguo Testamento, no sólo por la luz que puede arrojar sobre la Biblia, sino también porque esa comparación ofrece una oportunidad única para observar Mesopotamia desde fuera.❐

Definiciones y tradición literaria

Recopilar los mitos que están hoy a nuestra disposición fue un trabajo de muchas décadas. La suerte, el hado y la casualidad, al igual que el enfoque más científico de las excavaciones adoptado en años recientes, han tenido su parte en ello. La tabla de la página siguiente resume la información que tenemos de cada uno de los mitos que forman el corpus principal de la literatura babilónica. Como el material de que disponemos es desigual y necesitamos confiar en gran medida en nuestros propios criterios, especialmente al intentar valorar la época de una composición, la información proporcionada debe ser inevitablemente algo desigual, y debemos estar dispuestos a dejar algunos espacios en blanco. De lo contrario corremos el riesgo de dar por supuestas demasiadas cosas y extraer falsas conclusiones. Quizá posteriores investigaciones y descubrimientos permitan que algunos espacios en blanco sean rellenados.

Un vistazo a la tabla revela lo frecuente que es que el lugar de descubrimiento sea Nínive. Las bibliotecas reales desenterradas han proporcionado mucho del material de que disponemos, preservándose alguno en condiciones inmejorables, pero Nínive era sólo uno de los muchos lugares de Mesopotamia que contaban con archivos y bibliotecas. En casi cualquier lugar que se excave se encuentran al menos unas cuantas tablillas, aunque éstas sólo registren cabezas de ganado y listas de familias. Se hicieron colecciones de tablillas en todos los períodos y sus restos se han encontrado en Asur y Harran al norte y en Babilonia, Ur, Nippur, Uruk y Borsippa al sur.

La existencia de estas colecciones es hasta cierto punto el resultado de la forma en que los escribas eran entrenados; ésta continuó sin modificarse durante dos milenios. Incluía la copia fiel de los textos una y otra vez. Los escribas por todo el país se convirtieron en los propietarios de los textos que habían copiado durante su aprendizaje, y así se hicieron copias idénticas de los textos en diferentes lugares. Debemos distinguir, no obstante, entre colecciones de ejercicios escolares como los encontrados en Sultantepe (que están enteros, incluidas algunas faltas de los escolares); los archivos administrativos, como los encontrados *in situ* en Ebla y los desperdigados en Mari; y una «auténtica» biblioteca, es decir, una colección premeditada de excelente literatura reunida con el fin en sí mismo de coleccionarla, probablemente en un palacio o en un templo.

Debemos tener en cuenta que, aunque lo duradero de las tablillas de arcilla y sus difundidas pautas de distribución pueden ser venturosas para los investigadores actuales, los hallazgos fortuitos, los métodos de excavación ineptos y el uso ocasional de las más perecederas tablillas de madera cubiertas de cera lo son menos. Algunos textos muy populares puede que no se encuentren nunca, y podemos ser inducidos

Testimonios de los mitos

MITO	NÚMERO DE TABLILLAS / LONGITUD APROXIMADA DE LÍNEA	PRINCIPALES UBICACIO DE DESCUBRIMIENTO EN MESOPOTAMIA
Epopeya de Gilgamesh	12 tablillas	Ur, Sippart, Ishchali
	3.000 líneas	Nínive (Bibliotecas de Senaquerib y Asurbani|)
Epopeya de la Creación	7 tablillas	Nínive ◄——————— Asur, Kish
	1.000 líneas	Sultantepe ◄———————
Epopeya de Erra	originalmente 5 tablillas (dos tercios conservados)	Asiria: Nínive, Asur, Sultantepe Babilonia: Babilonia, Ur, Tell Haddad
	sobre 750 líneas	
Etana	sólo los fragmentos esenciales	Asur ◄———————
	originalmente sobre 450 líneas	Nínive ◄———————
Adapa		
	sobre 120 líneas	Nínive ◄———————
Anzu	3 tablillas	Tarbisu, Sultantepe
	720 líneas	Nínive
Descenso de Ishtar		Asur ◄———————
	150 líneas	Nínive ◄———————
Nergal y Ereshkigal		Sultantepe ◄———————
	750 líneas	
Atrahasis	3 tablillas	Sippar ◄———————
	originalmente 1.254 líneas	Nínive ◄———————

NOTA: Los períodos de composición no son necesariamente análogos a las principales ubicaciones de los descubrimientos; algunas tablillas desenterradas en los principales asentamientos (especialmente las bibliotecas reales) eran copias de textos mucho más antiguos. Las flechas desde los períodos de composición conectan con ubicaciones concretas.

POCA DE OMPOSICIÓN	OTRAS UBICACIONES DE LOS DESCUBRIMIENTOS	OTRAS VERSIONES
eríodo Paleo-babilónico tablillas), inicios el II mil. a. de C.	Boğazköy, Megiddo, Ugarit, Emar, Elam	Sumeria primitiva h. 2150 a. de C. También traducciones al hitita, hurrita, elamita
Período Paleo-babilónico? iglo VII a. de C.		
acia siglos IX-VII a. de C.		
eríodo Paleo-babilónico sirio medio, iglo XIII a. de C. eo-asirio, mediados el I milenio a. de C.	➤ Susa	
iglos XV, XIV a. de C. n II mil. a. de C.	➤ Tell-el-Amarna	
eríodo Paleo-babilónico; abilonio estándar, iglo VII a. de C.	Susa	Sumerio: historia probable-mente familiar para los hurritas
n II mil. a. de C. iglo VII a. de C.		Versión sumeria más anti-gua y más larga (410 líneas): El Descenso de Inana
iglo XV a. de C. iglo VII a. de C.	➤ Tell el-Amarna (versión más breve: 90 líneas)	
eríodo Paleo-babilónico, proba-lemente antes del 1645 a. de C. iglos VIII-VII a. de C.		

La Epopeya de Gilgamesh: la tablilla XI, la «Tablilla del Diluvio».

a creer erróneamente que algunos textos eran más populares en la antigüedad de lo que lo eran realmente, sólo porque muchos fragmentos de ellos han salido a la luz.

¿Cuán representativa de la tradición literaria como un todo es la literatura que ha pervivido? Las bibliotecas reales, en particular la de Asurbanipal en Nínive, proporcionan una de las mejores pistas. Investigaciones recientes en algunos registros administrativos neo-asirios (1000-500 a. de C.) han revelado un alto nivel de organización en las bibliotecas reales con adquisiciones y nuevas entradas vistas con entusiasmo y cuidadosamente registradas. Las obras literarias estaban organizadas en función de su título y su género, del tamaño del texto y por la descripción de su material. Podían estar en una de estas cuatro categorías: una tablilla de arcilla de gran tamaño, dividida en dos o más columnas; una tablilla más pequeña, de una sola columna; una tabla recubierta de cera, con dos o más hojas; o una tabla de una sola hoja.

Estos registros también dejan claro que las colecciones privadas en Babilonia fueron muy usadas para montar las bibliotecas privadas de Nínive, especialmente tras la caída de Babilonia en el 648 a. de C. Asurbanipal mismo supervisó algunas de las adquisiciones, y una carta real para el gobernador de Borsippa, incautándose explícitamente de todo tipo de obras literarias del templo y de las bibliotecas privadas, es casi con seguridad suya.

Una tabla recubierta de cera en tres partes, mostrada aquí abierta, encontrada en un pozo en Nimrud. Cada parte estaba sujeta por goznes, de manera que pudiese plegarse.

La cabeza del rey Asurbanipal, detalle de un panel de caliza describiendo una escena de guerra. Estaba en su biblioteca de Nínive, donde se descubrieron la mayor parte de los textos que tenemos.

Debido a que fueron cuidadosamente excavados, los archivos administrativos de Ebla proporcionan una buena visión de su naturaleza y organización . En Ebla las tablillas se almacenaban en estanterías de madera y se indexaban. Los contenidos o títulos de tablillas individuales se registraban en el canto de la tablilla para facilitar el encontrarla cuando estaba en una estantería. Si no había estanterías, las tablillas se ponían en vasijas o cestas con una etiqueta explicativa adjunta.

Las tablillas literarias solían tener un espacio reservado en la última columna para un colofón. Este contenía el tipo de información que un libro moderno proporciona en las páginas del título y de pie de imprenta. El colofón podía contener algunas de las siguientes informaciones: el título de la obra; el nombre del propietario; el nombre del escriba; la fecha de la obra; comentarios acerca del original del que el escriba lo había copiado; una declaración de secreto; y una invocación de maldiciones contra cualquier persona no autorizada que manipulase la tablilla.

A veces el colofón era sólo una primera línea abreviada de la obra en cuestión, más el número de tablilla de la serie. Por ejemplo, en la Epopeya de Gilgamesh se lee: «De aquel que sabe todas las cosas [su primera línea] Tablilla I, II, III [etc.].»

Los textos se escribían en escritura cuneiforme sobre tablillas de arcilla, normalmente de forma cuadrada o rectangular, o a veces sobre tablas de madera. La arcilla se obtenía fácilmente en Mesopotamia y era fácil de modelar de la forma requerida. El escriba utilizaba un estilete hecho de un junco o tal vez de marfil o metal. Se recortaba haciéndole un ángulo o un extremo redondeado, cualquiera de los dos afectaba al estilo de la escritura. El escriba utilizaba primero el lado plano de la tablilla y, si era necesario, continuaba por el reverso, que era ligeramente convexo. Después de que la tablilla fuese inscrita, muy a menudo se dejaba fuera para que se secase, sobre todo cuando no se pretendía que la inscripción fuese un registro permanente. Algunas veces, no obstante, se cocía, de manera que se convertía en prácticamente indestructible. Muchas de las tablillas que se dejaron sin cocer en la antigüedad perduran hasta hoy, algunas sólo por un afortunado accidente: las habitaciones en las que se almacenaban fueron incendiadas aposta por conquistadores extranjeros y de esta manera el calor coció las tablillas, que de otra manera se habrían desintegrado gradualmente en las condiciones de humedad que a menudo hay en Irak.

Sólo un pequeño porcentaje del material escrito desenterrado nos interesa aquí, ya que la mayoría no entra en la categoría de mito. De hecho, sólo una parte muy pequeña de todo el corpus es «literatura» tal como nosotros la entendemos. Dentro de esta definición, sin embargo, debemos incluir el pequeño número de inscripciones reales, llamadas «Cartas al Dios» debido a su dedicación y la salutación al dios introductorias. Quizá sus más insignificantes méritos sean los hechos verídicos y la pura información histórica, al ser su contenido selectivo, pero se distinguen por su lenguaje altamente poético. Sobre todo en las descripciones del paisaje y de las batallas, la hipérbole logra crear un cuadro con gran vida. En su Carta a Asur y a los demás dioses que habitan en la ciudad de Asur, Sargón II describe su octava campaña del 714 a. de C. contra Urartu, contando cómo sus tropas (con la ayuda de los dioses Shamash y Marduk) saltaban el Bajo Zab «como si fuera una zanja». Simirra, «el gran pico de una montaña», está «erguido como la hoja de una lanza». Las tropas de batalla son «valientes águilas». Es imposible establecer paralelos exactos, pero ésta y otras Cartas al Dios indudablemente reflejan una tradición literaria ya establecida. Las Cartas probablemente estaban destinadas a ser leídas en alto a un auditorio; por ello son intensas y vivas, la acción transcurre todo el tiempo deprisa, y la descripción de las personas, lugares y sucesos es muy realista.

Debemos también considerar una tradición literaria especial que pervive desde la época sumeria: el texto dialogado. Era una forma de entretenimiento popular, que pudo incluso haber sido ejecutado o recitado en la corte, en el que dos puntos de vista opuestos eran expuestos por dos participantes personificados que argumentaban sus méritos respectivos, por ejemplo, El Tamarisco y la Palmera, El Grano y el Trigo, El Buey y el Caballo, El Verano y el Invierno. Estos textos adoptan una forma estereotipada; después de una introducción que contaba quiénes eran los competidores y cómo encajaban dentro del orden cósmico, se establecían las bases de su argumentación. A continuación, venía la competición propiamente dicha, durante la cual cada parte exaltaba sus propios méritos al tiempo que sacaba a relucir los fallos de su adversario. La argumentación iba dirigida a un dios que pronunciaba un veredicto, que ambos contendientes aceptaban rápidamente, saliendo de la escena como amigos inmejorables.

Relieve que muestra al rey Sargón II en una audiencia con un servidor del palacio.

Este tipo de competición se reflejaba a veces en el mito, como por ejemplo en la Tablilla VII de la Epopeya de Gilgamesh, cuando Enkidu primero maldijo a Shamhat la ramera con tremendas maldiciones («¡Que los borrachos empapen tu vestido de fiesta con vómitos!») y luego, tras una intervención del dios Shamash, toma la posición opuesta:

«Mis palabras, que te maldijeron, por el contrario te bendecirán.
Los gobernantes y las princesas te amarán...»

Otra forma de diálogo potencialmente más satisfactorio intelectualmente es un texto al que llamamos la Teodicea Babilonia, aunque existen copias tanto de Babilonia como de Asiria. Es un diálogo en veintisiete estrofas entre un hombre escéptico y uno piadoso, que presentan alternadamente sus puntos de vista sobre la vida de una manera cortés y ceremoniosa. Desgraciadamente, el diálogo es extremadamente reiterativo y no tiene demasiado sentido, acabando de una manera poco convincente cuando el escéptico pide:

> «Que me socorra el dios que me ha abandonado,
> que muestre compasión la diosa que me ha desamparado.»

El Diálogo del Pesimismo presenta quizá el primer caso de esa situación de comedia, el criado que es más listo que su amo. A cada una de las doce órdenes que da su amo, el criado responde con una réplica ingeniosa. Cuando la orden es revocada, el criado cambia ingeniosamente su respuesta, mostrando que hay dos manera de considerar cada situación. Algunas de las estrofas son algo abstrusas, pero está claro que la intención es divertir.

> «¡Obedéceme, criado!»
> «Sí, mi señor, sí.»
> «Amaré a una mujer.»
> «Sí, ámela, mi señor, ámela. El hombre que ama a una mujer olvida penas y
>   pesares.»
> «No, criado, no amaré a ninguna mujer.»
> «No ame a ninguna, mi señor, no la ame. La mujer es un peligro, la mujer es un
>   puñal de acero –¡y muy afilado!– que corta el cuello al hombre.»

Combates verbales como éste se ven en las conversaciones de los mitos, por ejemplo en la tablilla VI de la Epopeya de Gilgamesh cuando la diosa Ishtar, rendida ante la hermosura de Gilgamesh, se ofrece junto a una gran variedad de ricos regalos, sólo para ser rechazada en términos muy vivos y exagerados.

El Hombre Pobre de Nippur es tal vez el relato con más encanto que hay al margen de la categoría del mito, con algunas notas absurdas. El texto fue encontrado en Sultantepe y un fragmento posterior fue descubierto en la biblioteca de Asurbanipal. Trata de un hombre pobre que se venga del alcalde de Nippur, que le había quitado su última cabra. Se gastan tres bromas, cada una de las cuales acaba con el alcalde recibiendo una gran paliza, sin duda alguna para agrado de la audiencia. Hay pocas repeticiones aquí y la conmovedora historia sugiere la moraleja de que los que están en puestos altos tienen el deber de comportarse honestamente.

El legado más importante de la tradición literaria de la antigua Mesopotamia, sin embargo, son sus mitos y leyendas, por los que era famosa incluso en la antigüedad. Tal vez debamos definir ahora nuestros términos. Si los mitos tratan sobre seres divinos o semidivinos, las leyendas tratan sobre seres históricos o semihistóricos. Hay fragmentos suficientes para mostrarnos que había una tradición épica tardía que se relacionaba con las hazañas reales de reyes históricos conocidos, que nosotros describiríamos como leyendas. Pero lo que nos concierne ahora es el mito: aunque Gilgamesh y Etana eran reyes conocidos cuyos nombres aparecen en la Lista Real Sumeria, son, como Atrahasis y Adapa, semidivinos. Otros de los mitos que se cuentan aquí únicamente tratan sobre los dioses, del cielo y de los infiernos, y sobre las grandes conmociones cosmológicas. Los sucesos descritos se retrotraen al alba de la civilización antes de que –al menos según la Epopeya de la Creación– hubiese dioses y de que se decretase cualquier destino.◻

Dioses y mortales,
autores y audiencia

Desde alrededor del 3000 a. de C. hay testimonios arqueológicos del comienzo de las ciudades amuralladas en Mesopotamia, y de la construcción de complejos de templos dentro de ellas. Estos templos se construían para el culto de un dios concreto; por ejemplo, la ciudad sumeria de Eridu, para el dios Enki. Como la vida era precaria, era prudente que las ciudades fuesen guardadas por un dios especial que se responsabilizase de la ciudad y de sus habitantes. El templo era su casa, y los rituales de alimentar, vestir y lavar al dios se ejecutaban dentro del santuario. Con el dios vivía su esposa y a veces sus hijos.

A medida que se construían más ciudades, el número de centros de culto aumentaba. Las ciudades más tardías adoptaban dioses, hacían reclamaciones en su nombre y les otorgaban epítetos sin importarles el pasado. Algunos nombres y epítetos eran duplicaciones de algunos dioses y diosas primitivos. Esto significaba que el panteón de dioses, la estructura básica de los que se retrotraían hasta el tercer milenio, estaba lleno de paradojas y repeticiones.

Dioses

Los dioses más importantes y famosos hacen frecuentes apariciones en los mitos. Comprenden los siguientes:

Anu, el dios cielo, era originariamente el dios supremo en época sumeria. Se le describe a veces como el padre de Ishtar. Su esposa era Antum y su ciudad de culto era Uruk. **Ishtar** (la sumeria **Inanna**), la diosa del amor, de la atracción sexual y de la guerra, se describe en un texto sumerio como aquélla a la que ni 120 amantes podían cansar. Bajo varios nombres se convirtió en la diosa más importante de toda Asia occidental. Su animal sagrado era el león y sus centros de culto estaban en Uruk, Kish, Agade, y Arba'il.

Enlil, el hijo de Anu, más tarde reemplazó a su padre y se convirtió en rey de los dioses. A él pertenecía la Tablilla de los Destinos, por medio de la cual se decretaban los destinos de hombres y dioses. Su esposa era **Muliltu** o **Mylitta** (Ninlil) y su ciudad de culto era Nippur.

Ea (el sumerio **Enki**) era señor del Apsu, el dominio del agua dulce bajo la tierra. Era la fuente de todo conocimiento mágico secreto e instruyó a la humanidad en las artes y oficios. Su esposa era **Damkina** y su centro de culto era Eridu.

Marduk era el hijo de Ea. Durante el período casita fue promocionado a la cima del panteón babilónico. Su centro de culto era naturalmente Babilonia.

Imaginativa reconstrucción de Babilonia en época de Nebucadresar II (605-562 a. de C.), mostrando un puente sustentado por cinco embarcaderos sobre el Éufrates, el gran zigurat a la izquierda y hacia la derecha el templo de Marduk. Esagila.

Nabú era el hijo de Marduk, el patrón de los escribas y un dios de la sabiduría. Su popularidad alcanzó un momento álgido durante el primer milenio. Su ciudad de culto era Borsippa.

Sin, el dios luna, se describía también como padre de Ishtar. Gobernaba el paso de los meses. Su símbolo era la luna creciente y se le rendía culto en Ur y Harran. **Shamash** (el sumerio **Utu**), el dios sol, era el juez de la tierra y de los cielos. Su símbolo era el disco solar y sus centros de culto eran Sippar y Larsa.

Adad, el dios del tiempo, no sólo controlaba las tormentas sino también la lluvia vivificadora. Su símbolo era el rayo en zigzag y su animal el toro, que bramaba como el trueno. **Dumuzi** (conocido más tarde como **Tammuz**) era el amante de Ishtar, un dios pastoril. Protegía la fertilidad estacional.

Ereshkigal era la reina de los infiernos. Namtar era su visir, una diosa de la plaga muy temida que podía liberar una de las sesenta enfermedades. **Erra** o **Nergal** era el dios de la plaga y la guerra. **Ninurta** era un dios guerrero y patrón de la caza. Es el héroe de la Epopeya de Anzu. **Nin-hursag** (también

Impresión (a la izquierda) de un sello, mostrando al dios Ea con agua y peces saliendo de su espalda, su bifaz visir a su izquierda, a su derecha un pájaro (tal vez Anzu) y una Ishtar alada sobre el dios sol Shamash.

Impresión de cilindro-sello (encima) mostrando al dios sol Shamash con rayos surgiendo de sus espaldas, y blandiendo una sierra, símbolo de su papel de juez.

Impresión de un sello de esteatita, mostrando un devoto ante el dios Adad sobre su toro sagrado. Toros alados con cabeza humana flanquean el santuario.

Impresión de cilindro-sello de piedra negra (a la derecha) mostrando al dios Nergal y dedicado a él. Blande su característica maza con doble cabeza de león.

Impresión (debajo) de un sello de esteatita azul mostrando un sacerdote con la cabeza rapada ante los símbolos de varias deidades.

conocida como **Araru** y **Mammi**) era la Gran Madre, a veces descrita como la esposa de Nergal.

Los **Annunaki (Anukki)** eran los viejos dioses sumerios de la fertilidad y de los infiernos, donde posteriormente se convirtieron en jueces. Los **Igigi,** a menudo emparejados con los Annunaki, eran el grupo sumerio de los dioses celestes, encabezados por Enlil.

Los templo en los que los dioses eran adorados estaban gobernados por una jerarquía sacerdotal, aunque sabemos muy poco acerca de su organización exacta. Un sacerdote llamado *šatammu* probablemente encabezaba la vertiente administrativa, y otro, el sacerdote *en,* la espiritual. Sabemos que los hijos seguían a sus padres en el servicio sacerdotal una generación tras otra.

A lo largo de la historia de Mesopotamia los exorcistas y los adivinos jugaron un papel importante, y en todo el mundo antiguo los adivinos babilonios gozaron de una alta consideración por su destreza. Las técnicas variaban, pero las más normales eran la observación de la entrañas de los animales, el efecto del aceite sobre el agua, las formas del humo del incienso, el comportamiento de los pájaros y otros animales, especialmente alrededor de las puertas de las ciudades o dentro del recinto de los templos, y otros fenómenos celestes y meteorológicos.

La religión jugaba un gran papel en la vida diaria de la gente normal. En el ámbito personal, ellos se vinculaban a un dios o diosa particular al que ofrecían plegarias y sacrificios en pago por su intercesión ante los demás dioses y por su protección de los espíritus malignos. Hay un montón de hechizos y encantos, que a veces incluían pasajes tomados de los mitos. Aunque a las personas normales se les negaba el acceso a los santuarios más ocultos de los templos, contemplaban las grandes procesiones religiosas. El enorme terreno que había alrededor de los *zigurats* en Babilonia estaba destinado probablemente a que una gran masa pudiese observar las ceremonias desde una distancia adecuada.

Las actitudes mesopotámicas hacia la muerte son muy conocidas por los mitos y las epopeyas. No había una promesa de una vida futura, como en el antiguo Egipto, y parece que la muerte se aceptaba resignadamente y como algo inevitable –siendo la obvia excepción, como tendremos ocasión de ver, Gilgamesh, que protestaba con rabia por la muerte de su amigo que había sido presagiada por sueños alarmantes–. Los vivos hacían figurillas conmemorativas de los muertos, como Gilgamesh hizo por Enkidu. Los enterramientos, aparte de las primeras tumbas reales, se hacían en la casa de la persona muerta, que era depositada bajo el suelo con sus pertenencias favoritas. Se creía que los cadáveres insepultos y a los que los familiares supervivientes les negaban las habituales ofrendas de agua se convertían en espíritus sin descanso que podían causar males a los vivos. No había cementerios públicos.

Los mortales

Los mesopotámicos, desde los tiempos más antiguos, solían vivir en ciudades. Además de la básica ventaja de la seguridad ofrecida por el número de personas, ello permitía la organización centralizada y el mantenimiento de una red de canales con irrigación y drenaje artificiales en un país en el que la lluvia era tremendamente escasa. A pesar del clima seco, la tierra era potencialmente muy fértil y, regada regularmente, podía dar varias cosechas al año. Las principales cosechas eran los cereales y los dátiles. El principal ganado era las ovejas, las cabras y el vacuno, y el suelo era rico en arcilla que, cuando estaba seco, se usaba no sólo para tablillas de arcilla sino también para todas las construcciones de edificios.

La ciudades primitivas mostraban un modelo que se repetirá durante toda la historia de Mesopotamia. Tenían tres partes principales: un área interior amurallada que contenía el templo, el palacio, las casas de los funcionarios reales y las de los ciudadanos; los suburbios abarcando la granjas, campos, los huertos y las palmeras; y el área portuaria, que era el centro de la actividad comercial. Cada ciudad tenía también puertas en la muralla exterior, y la zona que

*Incisión en marfil de Megido
mostrando un regreso victorioso
y el festejo.*

estaba delante de ésta se usaba como lugar de encuentro y como lugar para las transacciones de negocios, para dictar sentencias y el cambio de dinero. También era donde los escribas ponían en venta sus habilidades.

La buena suerte de las ciudades periódicamente iba en ascenso y se hundía, a veces como resultado de cambios en el curso de las aguas. Incluso el esplendor de una ciudad como Ur era intermitente: en el Período Medio Babilónico era más o menos una ruina. Larsa y Asur estaban desintegradas, aunque la última revivió en época parta, y la gran ciudad de Acad desapareció literalmente sin dejar rastro. La mayor parte de las ciudades sólo fueron ricas y famosas en períodos de victoria, cuando el derroche era posible por los botines de guerra y los productos de lujo como especias, aromas, vino, ropas finas y animales exóticos que llegaban hasta ellas.

Los habitantes de las ciudades podían dividirse en dos grupos: los que se beneficiaban de los contactos con la corte y el templo, que les proporcionaban sus propios medios de producción, y los que dependían totalmente de las organizaciones del templo y del palacio. La mayoría de los medios de producción estaba bajo el control de los vastos complejos de los templos y de los palacios reales, aunque los individuos privados también poseían tierras. Ambos, el templo y el palacio, extraían sus principales ingresos de la agricultura, tanto directamente como a través de pagos de tasas e impuestos. La administración central recibía la mayoría de los ingresos y los redistribuía. Ambas organizaciones mantenían un gran número de personal al que «pagaban» con comida, vestidos, etc.

Los que dependían, en mayor o menor medida, de las organizaciones del templo o del palacio podían ser catalogados como campesinos, artesanos, escla-

*Impresión de cilindro-
sello mostrando una
escena de arado. La
cebada es el principal
cultivo.*

Detalle (encima) de los relieves palaciegos de Asurbanipal en Nimrud, mostrando soldados que cruzan un río por medio de pieles de animales infladas.

Impresión de cilindro-sello (a la izquierda) mostrando la fachada de un palacio o de un templo con animales a la derecha.

vos y comerciantes, cuyos estatus concretos variaron en diferentes períodos. Una clase muchísimo más importante en esta sociedad era la de los escribas, cuya profesión siempre conllevaba prestigio. No hay testimonios que nos digan cómo eran seleccionados los candidatos a este grupo, pero con frecuencia eran los hijos y parientes de los príncipes de las ciudades y de los gobernadores. Hay un sólo caso conocido de escribas femeninas, en Mari, donde los testimonios de las listas de las raciones asignadas a trabajadores del palacio revelan unos nueve nombres femeninos. Desgraciadamente no hay detalles de su posición social, de su entrenamiento, o del tipo de trabajo que hacían.

Los campesinos estaban inmersos en un muchas ocupaciones, principalmente agrícolas. Sembraban, recogían y trillaban cebada, a veces varias veces al año cuando la tierra lo permitía. También cuidaban rebaños de varias especies, principalmente ovejas y cabras. Ordeñaban vacas, ovejas y cabras, y hacían mantequilla y queso. En los corrales normalmente había patos y gansos; las gallinas fueron habituales sólo en épocas más tardías. Había, además, mucho nomadismo estacional.

Los artesanos tenían ocupaciones más variadas, muchas de las cuales eran hereditarias, pasando las habilidades de padre a hijo. Unos tenían como ocupación la confección de ropas: el blanqueo, el hilado y el tinte. Hay testimonios arqueológicos de husos en todos los asentamientos primitivos. Otros artesanos eran los curtidores. El cuero y las pieles se usaban para fabricar escudos y

Detalle de bandas grabadas en relieve, en bronce, de la puerta de Balawat del reino de Salmanasar III. Cautivos encadenados son llevados a la capital.

arreos, pequeñas barcas, odres, bolsas para la leche y la mantequilla, y sandalias. Las pieles también se inflaban para cruzar ríos.

Los artesanos podían ser alfareros, aunque esta ocupación tenía un nivel más bajo. En un momento tan antiguo como el sexto milenio, se fabricaba por toda Mesopotamia una gran variedad, más bien tosca, de cerámica. Los tornos de alfarero eran de uso general después del 4000 a. de C. Más importantes eran los trabajadores metalúrgicos. Antes del 7000 a. de C. hay testimonios de que el cobre nativo era convertido en utensilios sencillos, y en torno al 6000 a. de C. se fundían el plomo y el cobre. Hay testimonios de piezas fundidas de metal durante la última parte del quinto milenio.

Los carpinteros hacían carros, trineos y arados, y también había escultores, cerveceros, joyeros, fabricantes de aromas, pasteleros, panaderos y cesteros.

En cuanto a los esclavos, podrían dividirse, *a grosso modo,* en dos categorías: los esclavos pertenecientes a individuos privados y los que pertenecían a los templos o palacios. Los del primer grupo con frecuencia nacían en la casa en la que eran esclavos o eran adoptados por ella. El famoso Código de Hammurabi (rey de Babilonia desde el 1792 hasta el 1750 a. de C.) deja claro que, en el período paleo-babilónico, los esclavos gozaban de un status especial. El Código también nos dice que a veces las personas se vendían a sí mismas, a sus esposas y a sus hijos como esclavos si eran incapaces de pagar una deuda. Una vez que la deuda era pagada, volvían a su status inicial. Mientras eran esclavos, su posición estaba protegida en cierta medida por el Código y su relación con sus amos estaba basada en obligaciones mutuas.

Muchos esclavos llegaron al país como prisioneros de guerra. Los relieves asirios describen cómo eran conducidas estas personas a la capital, a menudo con sus esposas e hijos. Los esclavos extranjeros eran apreciados especialmente por sus habilidades artísticas, y a menudo por la belleza de sus mujeres, pero su trabajo principalmente era doméstico, ayudando en el campo en época de cosecha.

El Antiguo Testamento habla con aversión de los comerciantes de Babilonia y Nínive. Estos comerciantes ocupaban un lugar importante en la sociedad, ya que Mesopotamia estaba pobremente dotada de recursos minerales. Como carecía de cualquier piedra adecuada para la construcción o para la escultura y no tenía oro, plata, cobre o madera, u otros elementos preciosos como lapislázuli, cornalina, cuarzo o turquesa, tenían que ser adquiridas por medio del comercio. El comercio era, por tanto, crucial y los grandes ríos entre los que estaba Mesopotamia, el Tigris y el Éufrates, servían como grandes rutas comerciales. Los comerciantes se ocupaban de tres tipos diferentes de comercio: el urbano, el interurbano y el internacional, por el que se comerciaba con textiles y productos alimenticios a cambio de mercancías de las que Mesopotamia carecía, especialmente metales.

Los textos de Mari revelan la rutas que unían el Mediterráneo y Anatolia con el Golfo Pérsico. En este período la caravanas comerciales tenían protección real y los comerciantes extranjeros que iban de corte en corte eran tratados con honores. Ésta, no obstante, no fue una situación generalizada hasta los tiempos de Sargón II (721-705 a. de C.). El comercio no sólo aumentaba el nivel de vida, servía también para extender la influencia de la civilización mesopotámica. Con el intercambio de bienes también se daba un intercambio de ideas y de historias.

Los escribas eran entrenados en escuelas que casi siempre estaban junto a los templos. Sólo hay un registro de un establecimiento independiente, en Ur.

Pintura mural de escribas de Til Barsip, en el Éufrates medio, en el reino de Tiglat-Peliser III (744-727 a. de C.).

Una típica tablilla de escuela mostrando tres registros de signos.

El entrenamiento de escribas era largo y repetitivo, y a causa de la enorme complejidad del cuneiforme –sobre quinientos signos– requería no sólo aplicación y paciencia, sino inteligencia. La enseñanza descansaba sobre la memorización de listas de palabras y signos copiados una y otra vez, y este entrenamiento empezaba en la niñez. Incluso fuera de los límites de Mesopotamia los escribas eran cuidadosamente entrenados, y así se han encontrado silabarios bilingües y listas de léxico en la capital hitita de Boğazköy.

El curriculum escolar era aparentemente estándar y cambió poco a lo largo de milenios. Un documento literario sumerio describe la reacción de un escolar y también la conducta y actitud de sus profesores y padres. Escrito tal vez en el 2000 a. de C., era una composición muy popular, copiada reiteradamente. El escolar en cuestión leyó su tablilla, comió al mediodía, preparó y escribió otra tablilla, y se le asignó un trabajo oral y escrito, pero, desgraciadamente para él, no alcanzó el nivel requerido y varios profesores le pegaron con la palmeta. Los padres del alumno invitaron a su profesor a casa, donde fue festejado y se le hicieron regalos. Tras esto cambió su actitud; empezó a hacer alabanzas sobre la habilidad del muchacho y Nissaba, la diosa de las escuelas y los escribas, fue exhortada a que mostrase su favor con la caña del alumno.

Los autores

Los escribas copiaban los textos, pero ¿quiénes eran los autores originales de la creación literaria? Desgraciadamente, cualquier respuesta a esta pregunta está sujeta a conjeturas, porque los testimonios que tenemos son pobres y deben ser cuidadosamente interpretados.

El hecho de que exista una escritura creativa presupone que había autores individuales trabajando, pero la literatura en cuneiforme apenas los nombra. Tradicionalmente, la autoría de los trabajos más antiguos se atribuían a sabios enviados antes del Diluvio por el dios Ea para llevar la civilización a la humanidad. Después del Diluvio, los autores fueron honrados con el status de sabios, que les otorgaba a sus trabajos unos cimientos de gran antigüedad e inspiración divina. Pero estos autores no mencionaron sus propios nombres, y a través de toda la literatura mesopotámica sólo hay dos excepciones a esta regla. La primera es Kabti-ilani-Marduk, que asegura haber redactado las tablillas de la Epopeya de Erra –aunque dice que recibió toda la obra en una visión, lo que atenúa su afirmación de autoría original–. El autor de la Epopeya de Gilgamesh está registrado en un catálogo de literatura cuneiforme del primer milenio como Si-leqi-unnini («Oh-Sin-acepta-mi-plegaria»), un sacerdote exorcista que vivía probablemente en Uruk. Su nombre ha sido rastreado hasta el período medio babilónico (1600-1000 a. de C.), cuando Babilonia estaba gobernada por los casitas, y, dado que este fue el momento en el que se estandarizó la epopeya, es probable que Sin-lequi-unnini fuese quien escribiera una versión definitiva en vez de ser su autor original. Su versión fue lo suficientemente influyente, sin embargo, como para asegurar que su nombre quedase permanentemente asociado a la epopeya.

Quizá no sea sorprendente que una civilización que produjo desde los primeros tiempos silabarios y listas de signos cuneiformes, y tablillas bilingües de palabras sumerias con sus equivalentes acadios, produjese un catálogo de autores. Tal catálogo, aunque fragmentario y algo oscuro, se encontró en la biblioteca de Asurbanipal. Éste da una lista de obras y las adscribe a conocidos sabios, y también identifica cuatro clases de autores: dioses; hombres legendarios y hombres de gran antigüedad; hombres sin indicación de origen familiar; y hombres con identificación de origen familiar, descritos como «hijos» de un personaje ancestral.

Las dos primeras categorías subrayan que, a los ojos de los mesopotámicos, la verdadera autenticidad debe derivar de la inspiración divina y/o de la gran antigüedad. Aparte de estos, hay varios nombres, todos los cuales son atribuidos a eruditos de ciudades concretas y que poseen títulos sacerdotales. Sería fascinante seguir la pista de los antepasados y descendientes de estos nombres, con la indicación del origen familiar, pero esto requeriría muchísima más información de la que poseemos. El catálogo muestra, no obstante, que los mesopotámicos se interesaban en la identidad de los principales escribas de las escuelas del templo y que los consideraban los autores de las composiciones.

De hecho, incluso si las obras en cuestión eran firmadas, es probable que tengamos que considerar la mayoría de las versiones que tenemos más como recopilaciones que como originales. Está claro que las generaciones de narradores y de escribas añadían y omitían pasajes cuando les parecían apropiados o actuales. Pocas obras llevan la impronta de un única persona. La misma Epopeya de Gilgamesh ha sido descrita como un «trabajo de sutura», y es cierto que se notan algunas técnicas usadas para darle cohesión y continuidad al conjunto. A veces estas uniones son casi imperceptibles.

La audiencia

Si ya es difícil rastrear quiénes fueron los autores, la identidad de la audiencia o los lectores tiene que ser pura conjetura. Sabemos que sólo un minúsculo porcentaje de la población estaba alfabetizada, y así el acceso a la literatura por parte del resto tiene que haber dependido de alguien que pudiese leer, por ejemplo, un escriba. ¿Cómo, entonces, el público en general complacía su gusto por la literatura?

En el caso de las Cartas al Dios descritas en el capítulo precedente, su estilo y contenido sugieren que al menos algunas se concibieron para ser leídas en alto a una asamblea de ciudadanos, más que para ser silenciosamente depositadas en el santuario ante una congregación de élite. Algunas de las Cartas muestran una composición cuidadosa con tensión narrativa: tras hacer la valoración de un enemigo mortal, una crisis en la que todos parecen no tener esperanza, una súbita intervención divina trae un triunfo seguro. Luego está el lenguaje, que, como hemos visto, es extremadamente conmovedor y lleno de vívidas metáforas. Hay también fantásticas descripciones de las maravillas de países lejanos. Todo esto apunta hacia una audiencia lo bastante sofisticada como para estar al tanto no sólo de sus propias tradiciones sino de la existencia de otras, y de esta manera ser capaz de establecer comparaciones y de hacer contrastes. Debido a sus vínculos comerciales, los mesopotámicos conocían lo que había en tierras extranjeras y podían tener una amplia visión de lo que sucedía fuera de sus fronteras. En cuanto a las vivas descripciones de las bellezas de la naturaleza, esto sólo tiene sentido si una audiencia está participando activamente, y no es difícil imaginar exclamaciones de asombro y sorpresa en algunas de las más descabelladas descripciones de un «informe» fantasioso. A veces hay detalles muy técnicos, sobre la fabricación de armamento por ejemplo, y esto apunta una vez más hacia una audiencia entre cuyos miembros se incluían maestros artesanos familiarizados, por ejemplo, con cuánto metal era necesario para hacer un hacha decente.

El referirse a la audiencia como «asamblea de ciudadanos» es necesariamente algo vago, ya que no podemos saber exactamente quién era lo suficientemente privilegiado como para oír estas lecturas. Esto dependía probablemente, hasta cierto punto, de en dónde se realizaban: en la corte, en los templos durante las festividades, o incluso en torno a las fogatas de las caravanas. Evidentemente, las diferentes localizaciones debieron de haber comportado diferentes tipos de audiencias.

¿Pero qué pasa con la audiencia de la literatura de imaginación, las versiones escritas de los mitos y leyendas? ¿Era la misma «asamblea de ciudadanos» la que oía las historia que hemos descubierto en las antiguas bibliotecas, y que, consecuentemente, tenía la responsabilidad del sello de aceptación oficial? ¿O era ésta una sección más elitista de la sociedad, el personal del templo y del palacio, por ejemplo?

Estos textos que han llegado a nosotros gracias al accidente que supuso su descubrimiento son sutiles y esotéricos, mucho más que las Cartas al Dios. Aunque las ubicaciones de las historias pueden ser concretas (por ejemplo, Uruk y el Líbano en la Epopeya de Gilgamesh, Babilonia en la Epopeya de la Creación y Nippur en la Epopeya de Anzu), y la trama puede describir un suceso histórico determinado (por ejemplo, la construcción de las murallas de la ciudad de Uruk y la fundación de Babilonia), y los héroes pueden ser gente famosa y real (por ejemplo, Gilgamesh y Etana), todas son presentadas de forma idealizada. Hay pocos detalles prosaicos. Las tramas son poco importantes; en algunos casos son prácticamente inexistentes. La acción se mueve lentamente, y se interrumpe con demasiada frecuencia para hacer consideraciones sobre las bellezas de la naturaleza y las maravillas del cosmos, así como para la interpretación de sueños extremadamente crípticos. Todo ello da como resultado una forma sofisticada de literatura cuyo acceso no era necesariamente fácil, sobre todo cuando se tienen en cuenta las sutilezas de lenguaje y estilo, los ingeniosos juegos de palabras y las trabajadas repeticiones.

Con esto surge la cuestión de la existencia de una literatura popular al lado de los textos literarios. Desgraciadamente, hay pocas pruebas de una tradición oral, pero tuvo que haber existido. Las tablillas aisladas que perduraron en copias únicas sugieren la abundancia de poemas de amor, cuentos corteses y leyendas, historias de interés momentáneo, populares y obscenas, acertijos, saber popular sobre animales y parábolas. Probablemente se cantaban, contaban y representaban versiones de todos ellos, no sólo en la corte sino también en contextos más humildes. Las cortes reales del segundo milenio en Ur, Isin, Larsa y Babilonia albergaban sabios y poetas, por lo que estos lugares probablemente también fueron centros de creación en este género en otros tiempos. Debido a su naturaleza efímera y coyuntural, estas historias pueden haber sido registradas en algo menos perdurable que las tablillas de arcilla cocida. El papiro y el cuero, por ejemplo, no resisten largo tiempo las condiciones de humedad, y las tablas enceradas son propensas al deterioro.

Es posible que la tradición literaria que se ha preservado pueda a veces haber sido cantada con el acompañamiento de un arpa o una lira por profesionales entrenados que habrían aprendido las palabras de memoria. En cuanto a la oratoria pública, sólo tenemos la Epopeya de la Creación que afirma específicamente que es para ser recitada como parte del ritual del cuarto día de la Fiesta del Nuevo Año en Babilonia.

Que hay una conexión entre mito y ritual es cierto, pero las modas cambian en la interpretación de lo estrecho que es ese vínculo. Los eruditos de la Biblia, al principio de este siglo, influenciados por las teorías de J. G. Frazer, autor de *La rama dorada,* creían que todos los mitos tenían su origen en los rituales, pero este punto de vista se toma ahora con mayor precaución. No podemos saber en muchos casos qué es lo que apareció primero, si el mito o el rito, y hay de hecho mitos en otras culturas que no tienen ninguna aparente asociación ritual. La relación entre ambos es compleja y variable. En el contexto del Próximo Oriente, es importante tener en cuenta las posibles asociaciones rituales, pero también hay que recordar que, excepto en casos específicos –por ejemplo, en la última parte del Descenso de Ishtar a los Infiernos, donde hay una referencia al ritual de fertilidad al dios Dumuzi, y en la Epopeya de la Creación–, tales conexiones pueden ser ligeras, casuales e incluso inexistentes.❑

Gilgamesh y el Diluvio

La mayoría de los doce capítulos de la Epopeya de Gilgamesh se encontraron durante el último siglo en Nínive, en las ruinas del templo de Nabu y en la biblioteca palaciega de Asurbanipal. A principios de este siglo, Bruno Meissner compró un extenso fragmento de la epopeya a un mercader de Bagdad. Se había encontrado en las ruinas de la antigua Sippar (la moderna Abu Habba) y contenía parte de la versión paleo-babilónica de la Tablilla X. Luego, en 1914, la Universidad de Pensilvania compró a un mercader de antigüedades una tablilla completa de seis columnas que contenía la versión paleo-babilónica de la Tablilla II. Aproximadamente en la misma época, la Universidad de Yale adquiría del mismo mercader una continuación de la Tablilla de Pensilvania, catalogada como Tablilla III. Un poco antes de la Primera Guerra Mundial un equipo de alemanes que excavaba en Asur encontró un fragmento de tamaño considerable de la versión asiria de la Tablilla IV, y en la campaña de 1928-29, descubrieron en Uruk dos piezas más bien pequeñas pertenecientes a la Tablilla IV. A pesar de este regalo caído del cielo, no es posible reconstruir la epopeya entera sin lagunas, pero tenemos unas tres mil líneas del cuerpo principal de la epopeya así como cuatro historias separadas, algunas partes de las cuales están incorporadas en acadio a este cuerpo principal.

Sabemos casi con certeza que Gilgamesh era un joven gobernante de Uruk de su Primera Dinastía (alrededor del 2600 a. de C.). La Lista Real Sumeria le asigna un reinado de 126 años. Se dice que era el hijo de la diosa Ninsun, cuyo esposo era el rey Lugalbanda. Pero aunque la epopeya dice que Lugalbanda era el padre de Gilgamesh, la Lista Real Sumeria nos dice que su padre era «un gran sacerdote de Kullab» (un distrito de Uruk). Esto convierte a Gilgamesh al menos en semidivino. Su obra más famosa fue la construcción de murallas alrededor de la ciudad de Uruk, mencionadas en su epopeya y confirmadas por un gobernante posterior de la ciudad, Anam, que registró su propia reconstrucción de las murallas que describió como «una antigua obra de Gilgamesh».

La epopeya se abre con una breve declaración de las hazañas y aventuras, un recurso de puesta en escena que proclama a Gilgamesh como grande en sabiduría y conocimiento, como alguien que posee información de los días que precedieron al Diluvio, como alguien que llevó a cabo un gran viaje en busca de la inmortalidad, se volvió abatido y resignado, regresó a casa y grabó en una tabla de piedra todo lo que había hecho y sufrido, y que luego completó la construcción de las murallas de Uruk y su sagrado templo de Eanna, la casa de la diosa Ishtar.

Este marco es ampliado con lo que es propiamente la historia, que empieza con un violento Gilgamesh ejerciendo el *derecho de pernada* sobre todas las doncellas núbiles de Uruk, al tiempo que forzaba a todos los jóvenes capaces a trabajar en las murallas de la ciudad y en el templo. Al final dos habitantes de Uruk invocan a la madre de los dioses, Aruru, instándole a crearle un rival a Gilgamesh.

> Aruru se lavó las manos, cogió un poco de arcilla en sus manos, y la arrojó al campo.
> Ella creó un hombre primitivo, Enkidu el guerrero: descendiente del silencio, rayo
>   celeste de Ninurta.
> Todo su cuerpo estaba cubierto de pelo, estaba adornado de trenzas como una mujer,
> sus mechones de cabello crecían exuberantes como el grano.
> No conocía ni gente ni países; estaba vestido como el ganado.
> Con las gacelas comía la hierba,
> con el ganado apagaba su sed junto a las aguas.
> Con las bestias salvaje satisfacía su necesidad de agua.

El hombre primitivo Enkidu es uno de los personajes más importantes de la epopeya. Pero primero necesitaba ser domesticado. Esto lo hace la ramera Shamhat; ella le muestra sus muchos atractivos y, tras seis días y siete noches haciendo el amor, Enkidu cambia:

> Enkidu había sido disminuido, ya no podía correr como antes.
> Sin embargo, había adquirido juicio, se había vuelto más sabio.

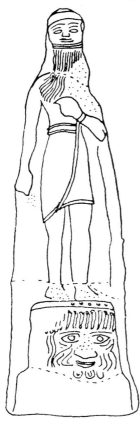

Posiblemente una representación del héroe Gilgamesh sobre la cabeza del abatido Humbaba. Pese al hecho de que este es el mito más largo y mejor conocido, las representaciones plásticas son escasas y de veracidad difícil de constatar.

Regresó, y se sentó a los pies de la ramera.
La ramera miraba su expresión,
y él escuchaba con atención lo que la ramera le decía.
La ramera le dijo a Enkidu:
«Te has vuelto profundo, Enkidu, te has vuelto semejante a un dios.
¿Por qué vagas por los campos con los animales?
Ven, déjame que te lleve a Uruk la Bien Amurallada,
a la casa pura, la morada de Anu e Ishtar,
donde Gilgamesh es perfecto en su fuerza, y es como un toro salvaje, más
        poderoso que ninguna otra persona.»

Enkidu estuvo de acuerdo en ir a Uruk para así poder retar a Gilgamesh y mostrarle que incluso uno nacido en el campo puede ser superior en fuerza. Pero Shamhat intenta persuadir a Enkidu de que Gilgamesh quiere ser amigo suyo:

«¡Déjame que te muestra a Gilgamesh, un hombre alegre y triste!
Míralo, observa su rostro,
es de virilidad hermosa, digna,
todo su cuerpo está lleno de encanto seductor.
¡Tiene unos brazos más potentes que tú! No duerme ni de día ni de noche.
¡Oh Enkidu, abandona tus planes para castigarlo!
¡Shamash ama a Gilgamesh,
y Anu, Enlil y Ea lo hicieron sabio!
Antes de que vinieras de las montañas
Gilgamesh soñaba contigo en Uruk.»

La Tablilla I acaba con dos sueños de Gilgamesh sobre un rayo y una estrella. Ambos se interpretan como que vendrá a él un hombre y que ambos se amarán. Pero, a pesar de estos buenos auspicios, la Tablilla II empieza con Enkidu en posición de lucha, acechando a Gilgamesh cuando va a una tarea de tipo amoroso.

Enkidu bloqueó el acceso a la puerta de la casa del suegro.
No permitió entrar a Gilgamesh.
Se agarraron en la puerta de la casa del suegro,
lucharon en la calle, en la plaza pública.

Los marcos de las puertas se sacudieron, los muros temblaron. El resultado de la pelea fue que ambos protagonistas reconocieron que no tenía sentido luchar, sino el ser amigos; casi de inmediato decidieron acometer juntos una aventura, matar al gigante del Bosque de Cedros, Humbaba (o Huwawa en la versión primitiva), «cuyo grito es el arma de la inundación, cuya palabra es fuego, cuyo aliento es la muerte». Los grandes consejeros de Uruk les advirtieron contra un plan de acción tan loco, pero al principio de la Tablilla III se habían vuelto favorables a la aventura y sus consejos son de tipo práctico.

«Gilgamesh, no confíes totalmente en tu propia fuerza.
Cuando hayas observado la situación suficientemente, confía en tu primer impulso.
El que va por delante en el camino salvará a su camarada.
El que conoce los senderos guardará a su amigo.
Que Enkidu vaya delante de ti,
él conoce el camino del Bosque de Cedros.
Él puede estar atento al combate e instruirte en la batalla.

La cara de Humbaba, el gigante del Bosque de Cedros.

Que Enkidu guarde al amigo, que salve al camarada, que lo traiga a salvo a casa,
para que nosotros en nuestra asamblea podamos confiar en ti como rey,
y que tú, en contrapartida, puedas confiar en nosotros como rey.»

La localización exacta del Bosque de Cedros no es segura. Una versión sumeria de esta parte de la epopeya sugiere que estaba al oriente de Mesopotamia, posiblemente cerca de los Zagros, en la frontera con Elam, pero la última versión asegura que estaba al oeste de Mesopotamia, en el Líbano. Podemos hacernos una idea de cómo era Humbaba: una cabeza de arcilla, procedente probablemente de Sippar, que hay en el Museo Británico, tiene una inscripción que confirma que se trata de él, y su cara, circundada de grasa, tiene un aspecto muy desagradable.

Haciendo caso de las palabras de los consejeros, Gilgamesh y Enkidu consultan a Ninsun, la gran reina. Ella hace una ofrenda de humo al dios sol Shamash para que Enkidu proteja a su amigo y que Gilgamesh pueda regresar a salvo.

La Tablilla IV, desgraciadamente en malas condiciones, describe cómo los dos amigos partieron, se comieron sus raciones y levantaron el campamento. En consonancia tanto con la tradición épica como con su carácter, Gilgamesh tiene dos sueños «extremadamente perturbadores», que Enkidu interpreta como que su expedición contra Humbaba tendrá éxito.

En la Tablilla V se ve la llegada de los dos amigos a la guarida de Humbaba. Está espléndidamente descrito para una audiencia mesopotámica a la que los bosques no debieron serle familiares:

Se pararon y admiraron el bosque,
miraban y miraban la altura de los cedros,
miraban y miraban la entrada del bosque,
en donde Humbaba hacía camino al ir y venir.
Los senderos estaban bien trazados y el sendero era excelente.
Observaban la Montaña de Cedros, morada de los dioses, santuario de Irnini.
Su sombra era buena y llenaba de felicidad.
La maleza retoñaba enmarañando el bosque.

Humbaba se aproxima y se muestra despreciativo con los visitantes: «Sois tan pequeños que os considero como si fueseis una tortuga...»

Parece que no hay esperanza; Gilgamesh se desespera. Como recurso es normal en los mitos mesopotámicos que, justo cuando amenaza el desastre, el dios intervenga con armas divinas y vuelva las cosas contra el enemigo.

Shamash convocó a las grandes tempestades contra Humbaba,
al Viento del Sur, Viento del Norte, Viento del Este, Viento del Oeste, Viento
    Quejumbroso,
la Galerna, al Viento-*saparziggu*, Viento-*imhulla*, al Viento-...,
al Asakku, al Viento Invernal, la Tempestad, el Torbellino.
Trece vientos se levantaron contra él y la cara de Humbaba se oscureció.
No podía ni ir hacia adelante, ni correr hacia atrás.
De esta manera las armas de Gilgamesh tuvieron éxito contra Humbaba.

Humbaba suplicó por su vida, pero Enkidu convenció a Gilgamesh de que acabase con él. Decapitaron al ogro y pusieron su cabeza en una balsa que el Éufrates llevaría hasta Nippur.

De vuelta a Uruk, Gilgamesh se lava y se muda poniéndose una túnica limpia y una faja. Su encanto es excesivo para la diosa Ishtar:

E Ishtar la princesa elevó sus ojos ante la hermosura de Gilgamesh.
«¡Ven a mí, Gilgamesh, y sé mi amante!
¡Otórgame el don de tu fruto!
Puedes ser mi marido, y yo puedo ser tu esposa.
Tendré un carro de lapislázuli y oro enjaezado para ti,
con ruedas de oro y cuernos de piedra *elmēsū*

Cilindro-sello (izquierda) con su impresión mostrando a una diosa desnuda, posiblemente una versión siria de Ishtar, llevando unas joyas elaboradas.

¡Podrás enjaezar demonios *ūmu* como mulas!
¡Que entre en nuestra casa la fragancia del pino!
Cuando entres en nuestra casa
el maravilloso umbral labrado te besará los pies!

Pero Gilgamesh no es seducido por la diosa y, con tremenda franqueza, cuenta los destinos de los que habían sido sus anteriores amantes: Dumuzi, que todavía estaba llorando; el pájaro *allulu* de muchos colores, cuya ala ella quebró; el león, para el que ella cavó fosos siete veces siete; al caballo lo azotó, lo aguijoneó y le dio latigazos, y decidió que galopase siete leguas sin parar; el pastor; el porquerizo; el pastor jefe que convirtió en lobo; y finalmente, al padre de su jardinero Ishulanu, que le llevaba cestas de dátiles, y al que ella convirtió en una rana. «¿Y que va a pasar conmigo? ¿Me amarás y luego me tratarás como a ellos?»

Ishtar no estaba acostumbrada a que le hablasen tan claramente. Se enfureció, fue a los cielos y pidió a su padre, Anu, que el Toro Celeste le ayudase a derribar a Gilgamesh. Sus terribles amenazas —«Volveré mi rostro hacia las regiones infernales, haré subir a los muertos, y se comerán a los vivos, haré que los muertos sean más numerosos que los vivos!»— prevalecieron, y entró en Uruk con las riendas del Toro Celeste en su mano.

Una vez abajo, junto al río, el Toro bufó y se abrió una sima en la que cayeron cien jóvenes de Uruk, luego doscientos, después trescientos. Volvió a bufar y se volvió a abrir otra sima, en la que cayeron otros cien jóvenes de Uruk, luego doscientos y después trescientos.

A su tercer bufido se abrió una sima,
y Enkidu cayó en ella.
Pero Enkidu de un salto salió de ella. Agarró al Toro Celeste por los cuernos.
El Toro Celeste le escupió a la cara,
Con su rabo macizo le arrojó su boñiga.

Medio ciego, Enkidu llama a Gilgamesh, que hunde su espada en el cuello del Toro, arrancándole las entrañas.

Ishtar subió a la muralla de Uruk la Bien Amurallada.
Se retorció de rabia y soltó maldiciones.
«Este Gilgamesh que me humilló ha matado al Toro Celeste!»
Enkidu oyó a Ishtar decir esto,
y arrancó el lomo del Toro Celeste, arrojándoselo a la cara:
«Si estuvieras a mi alcance como lo está esto,
haría lo mismo contigo,
y habría colgado los intestinos en tus brazos!»
Ishtar llamó a las cortesanas que se rizan el cabello,
a las prostitutas y a las meretrices.
Y se dispuso a llorar sobre el lomo del Toro Celeste.

Gilgamesh reunió a los artesanos de Uruk para que admirasen los cuernos y para que luego los decorasen. Se los dedicó a su padre Lugalbanda. Los dos héroes se lavaron en el Éufrates y cabalgaron triunfantes por las calles de Uruk. Este es el punto álgido de la epopeya.

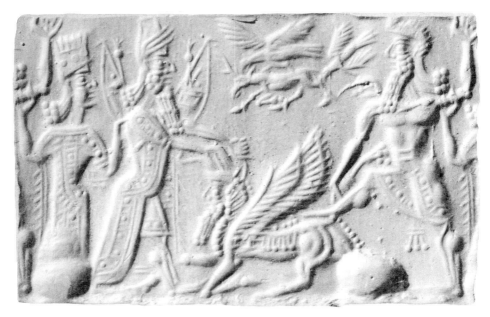

Impresión de un sello de calcedonia azul, mostrando posiblemente a Gilgamesh y Enkidu matando al Toro Celeste y a la diosa Ishtar que intenta prevenirlos.

La Tablilla VII no se conservó bien y se perdieron alrededor de veinte líneas del principio. Afortunadamente puede ser parcialmente completada por una versión hitita, que muestra a Enkidu relatando su sueño la mañana siguiente a la gran lucha con el Toro Celeste. Lo portentoso del sueño es evidente.

> «¡Oh hermano mío, qué sueño tuve la noche pasada!»
> Anu, Enlil, Ea, y el celestial Shamash estaban en asamblea.
> Y Ea le dijo a Enlil: «Al igual que ha matado al Toro Celeste,
> así también han matado a Huwawa, que mantenía las montañas con cedros.»
> Y Anu dijo: «Uno de los dos debe morir.»
> Enlil respondió: «Que muera Enkidu, pero que Gilgamesh no muera.»

Gilgamesh escuchaba las palabras de su amigo, «y le corrían las lágrimas». Fue a ofrecerle plegarias a los grandes dioses. Enkidu maldijo su suerte y maldijo especialmente a Shamhat por pervertirlo. Shamash replicó a su favor:

> «¿Enkidu, por qué maldices a mi cortesana Shamhat,
> quien te alimentó con comida propia de los dioses,
> te dio cerveza para beber también propia de los dioses,
> te vistió con una fina túnica,
> y te dio a Gilgamesh como excelente compañero?
> Y ahora Gilgamesh, el amigo que es un hermano para ti,
> te acostará en una gran cama,
> y te acostará en un lecho con amorosos cuidados,
> y te dará un asiento de reposo, un asiento a la izquierda.
> Los príncipes besarán tus pies.
> Hará que el pueblo de Uruk te llore, te guarde luto,

y él mismo descuidará su aspecto tras tu muerte.
Vistiendo sólo una piel de león vagabundeará por el campo.»

El enojo de Enkidu desaparece. Olvida a Shamhat. Enferma y sueña de nuevo con su propia muerte y descenso a los infiernos. Permanece en cama doce días y se debilita. En un conmovedor discurso al comienzo de la Tablilla VIII, Gilgamesh se despide de su amigo. Hace un recuento de todos los que lo llorarán: los ancianos de Uruk, la estepa, el campo cultivado, el mirto, el cedro y el ciprés:

«Te llorarán el oso, la hiena, el leopardo, el tigre, el ciervo, el chacal,
el león, los toros salvajes, la cierva, la cabra montesa, manadas de otras bestias salvajes,
llorará por ti el puro Éufrates,
con cuyas aguas en los odres solíamos refrescarnos.
Te llorarán los jóvenes de la amplia ciudad de Uruk la Bien Amurallada,
que vieron la lucha en la que abatimos al Toro Celeste...»

Pero Enkidu ya no podía oírlo:

«Y ahora, ¿qué sueño se ha apoderado de ti?
¡Mírame! ¡No me estás haciendo caso!
Pero él no podía levantar la cabeza.
Toqué su corazón, pero no latía.»

Enkidu ha muerto y Gilgamesh lanza una llamada a todo el país, una llamada para hacer una imagen preciosa de su amigo, de cobre, plata, lapislázuli y oro. El resto de la tablilla está muy fragmentada pero lo que pervive sugiere que trata de los funerales de Enkidu.

La Tablilla IX muestra a un Gilgamesh enloquecido vagando por los campos, aterrorizado por la muerte. Decide ir a ver a Ur-Napishtim, que con su mujer se supone que sobrevivió al Diluvio y que conoce el secreto de la vida eterna. El viaje es azaroso: los leones acechan en los desfiladeros, y la puerta de la elevada montaña de Mashu a través de la que tiene que pasar está guardada por hombres-escorpión «cuyo aura es aterrador, y cuya mirada es muerte. Sus terroríficos mantos de luz cubrían las montañas.»

Al principio la recepción de Gilgamesh es hostil, pero en un pasaje muy fragmentado logra obviamente convencer al hombre-escorpión y a su mujer de que debe pasar por su puerta, aunque:

«Es imposible, Gilgamesh ...
Nadie ha pasado a través de las zonas inaccesibles de la montaña.
Ya que aún tras doce leguas ...
la oscuridad es demasiado densa, no hay luz.»

En un pasaje muy estilizado en el que se repiten tres líneas casi idénticas, creando una tensión de una manera muy efectiva, Gilgamesh camina a lo largo de este antiguo abismo de desaliento:

Cuando había recorrido una [dos/tres/cuatro etc.] legua[s],
la oscuridad era densa, no había luz alguna,
era imposible ver hacia adelante o hacia atrás.

Escultura de un hombre-escorpión, con la cola enrollada y las pinzas extendidas, de Tell Halaf, en Siria.

La desconocida audiencia casi podía sentir su recorrido de las millas de oscuridad. De repente Gilgamesh salió a una luz resplandeciente y a un jardín de pedrería, de cuya descripción desgraciadamente se han perdido otras veinticuatro líneas. Empieza así:

> Se veían todo tipo de árboles con espinas, púas y pinchos, floreciendo con gemas.
> El árbol de la cornalina llevaba frutos,
> colgados en racimos, de hermosa vista.
> El lapislázuli tenía follaje,
> frutos y era muy placentero verlo.

Se mencionan muchas clases diferentes de árboles y piedras semipreciosas y a lo lejos puede verse el mar, probablemente el Mediterráneo en la costa fenicia. Allí vive Siduri, la tabernera divina.

La Tablilla X empieza con una presentación de Siduri. La profesión de expendedora de cerveza está bien atestiguada en el segundo milenio. Sin embargo, no tiene nada de la alegría que cabe esperar en una cervecera; aquí es casi una profetisa. Al principio, cuando ve a Gilgamesh, ella se encierra tras la puerta porque cree que puede ser un asesino. Ciertamente tiene una apariencia muy diferente a la del espléndido joven con ropas limpias y faja que tan irresistible había sido para Ishtar.

> Vestido sólo con una piel de león ...
> Tenía la carne de los dioses sobre su cuerpo,
> pero el dolor habitaba en lo más hondo de su ser.
> Su cara era la de alguien que hace un largo viaje.

Gilgamesh se dirige a Siduri y le dice que él (y presumiblemente también Enkidu, la tablilla aquí está muy fragmentada) son los que destruyeron a Humbaba en el Bosque de Cedros. La tabernera parece saberlo todo sobre él, incluyendo el asesinato del Toro Celeste, pero no puede creerse que sea Gilgamesh. Él responde:

«¿Cómo no van a estar demacradas mis mejillas, ni mi rostro abatido, ni mi
	corazón entristecido, ni mi aspecto agotado,
ni la pena en lo más íntimo de mi ser,
ni mi cara como la de quien hace un largo viaje,
ni mi rostro curtido por el frío y el calor ...,
ni vagando por los campos, vestido sólo con una piel de león?
A mi amigo, al que tanto amo, que sufrió conmigo toda adversidad,
–a Enkidu, a quien tanto amo, que sufrió conmigo toda adversidad–
¡le llegó el destino de los mortales! ¡Seis días [y] siete noches lloré sobre él ...!»

Gilgamesh pregunta luego a la tabernera el camino a Ut-Napishtim diciendo:

«Si es posible, cruzaré el mar;
si es imposible, vagabundearé de nuevo por los campos.»

La tabernera le dice que allí nunca ha habido barca para cruzar el mar desde tiempos inmemoriales y que sólo Shamash lo ha hecho:

«La travesía es difícil, la forma de hacerlo es difícil.
Y por medio hay aguas mortíferas que obstruyen el camino.»

Le sugiere que busque al barquero Ur-shanabi, que está junto a las aguas mortíferas, y que lo convenza para que lo cruce.

Inmediatamente Gilgamesh va en busca de Ur-shanabi, y parece como si hubiese algún tipo de alboroto, pero el texto aquí es muy fragmentario, y cuando se reanuda, Ur-shanabi ha recogido el estribillo de Gilgamesh:

«¿Por qué están demacradas tus mejillas, y tu rostro abatido,
	y tu corazón entristecido, y tu aspecto agotado ...

Gilgamesh le contesta lo mismo que a Siduri y concluye con la misma pregunta del camino a Ut-Napishtim. En respuesta, Ur-shanabi le dice a Gilgamesh que debe cortar trescientas pértigas, cada una de 100 pies (30 metros), que les sirvan de ayuda para cruzar las aguas mortíferas. Empiezan la travesía usando sólo una pértiga cada vez; Ur-shanabi advierte a Gilgamesh de que de ninguna manera permita que el agua mortífera moje sus manos. Cuando se acercan, Ut-Napishtim los ve y empieza a hablar solo, pero desgraciadamente hay una laguna en el texto de unas veinte líneas. Tras la laguna, Ut-Napishtim pregunta a Gilgamesh, con las mismas palabras que ya habían usado Siduri y Ur-shanabi, por qué sus mejillas están demacradas y su rostro abatido. Gilgamesh responde exactamente igual que antes, concluyendo con un pasaje sobre su largo y difícil camino. Ut-Napishtim responde:

«¿Por qué prolongas el dolor, Gilgamesh?
Ya que los dioses te hicieron de carne de los dioses y de los hombres,
ya que los dioses te hicieron como tu padre y tu madre,
la muerte es inevitable...»

Ut-Napishtim hace lo que probablemente es el discurso más profundo de la epopeya en un intento de explicarle la muerte a Gilgamesh:

«Nadie ve la Muerte,
nadie ve la cara de la Muerte,
nadie oye la voz de la Muerte.
La Muerte salvaje abate a la humanidad.
A veces construimos una casa, a veces hacemos un nido,
pero luego los hermanos lo dividen en herencia,
a veces hay violencia en la tierra,
pero luego el río sube y trae inundaciones.
Las libélulas vagan por el río,
sus rostros miran hacia el Sol.
Pero de repente no hay nada.
El que duerme y el que está muerto son iguales,
no se puede representar a la Muerte.»

La Tablilla XI (la llamada Tablilla del Diluvio) empieza con Gilgamesh preguntándose cómo es que él y Ut-Napishtim son iguales y, sin embargo, uno es mortal y otro inmortal. La respuesta de Ut-napishtim es contarle el Diluvio, narración que presenta abundantes coincidencias con la historia del Arca de Noé, como podrá observar cualquiera que esté familiarizado con ella.

Los dioses decidieron enviar un gran diluvio a la humanidad. Sólo Ea rompió el silencio para advertir a Ut-Napishtim de la muerte que se avecinaba. Envió un mensaje en una cabaña de cañas y en una muralla de ladrillos:

«¡Hombre de Shuruppak, hijo de Ubara-Tutu,
deshaz tu casa, construye una barca.
Deja tus pertenencias, sal a la busca de seres vivos.
Desecha los tesoros y salva vidas!
Embarca la simiente de todos los seres vivos en la barca.»

Se construye la gran barca, de acuerdo con unas medidas muy precisas, y es botada. Ut-Napishtim le cuenta a Gilgamesh cómo:

«La cargué con todo lo que había,
la cargué con toda la plata,
la cargué con todo el oro,
la cargué con toda la simiente de los seres vivos.
Embarqué a todos mis parientes.
Embarqué ganado de la estepa, bestias salvajes, todo tipo de artesanos.»

Llegó el terrible diluvio, y:

«Durante seis días y siete noches
sopló el viento, las inundaciones y la tempestad asolaron el país;
Al séptimo día la tempestad, el diluvio y la embestida
que habían luchado como una mujer pariendo fueron desvaneciéndose.
El mar se calmó, el viento *imhullu* se tranquilizó, el diluvio retrocedió.
Observé el clima; reinaba el silencio,
porque toda la humanidad había vuelto al barro.
La llanura inundada estaba plana como un techo.
Abrí un tragaluz y la luz cayó sobre mis mejillas.
Me doblé, luego me senté. Lloré.»

Ut-Napishtim saca primero una paloma, luego una golondrina, y ambos regresan. Finalmente envía un cuervo, que no regresa, mostrando por lo tanto que las aguas habían retrocedido. (En la Biblia Noé manda primero un cuervo, luego dos palomas.) Luego hace un gran sacrificio a los grandes dioses y, tras algunas peleas entre ellos, Enlil hace a Ut-Napishtim y a su mujer inmortales, diciendo:

«Hasta ahora Ut-Napishtim era mortal,
pero desde ahora Ut-Napishtim y su mujer serán como los dioses...»

Su historia acabó, Ut-Napishtim se ocupa de la inmortalidad de Gilgamesh y le sugiere que empiece por una prueba –no dormir durante seis días y siete noches, lo que duró el diluvio–. Pero Gilgamesh fracasa en la prueba; tan pronto como se sienta, «se duerme, resollando como una rana». Cuando Gilgamesh se despierta tras siete noches, se niega a creer que ha estado durmiendo hasta que ve siete rebanadas de pan, algunas enmohecidas, que habían sido puestas junto a su cama al final de cada noche de sueño.

Descorazonado, Gilgamesh decide abandonar su búsqueda de la inmortalidad. Ut-Napishtim le dice a Ur-Shanabi que le traiga a Gilgamesh una jofaina para que pueda lavar su pelo y su cuerpo.

«Se puso una diadema nueva en la cabeza.
Se puso una túnica como vestido.
Hasta que llegó a su ciudad,
hasta que llegó al fin de su viaje,
al vestido no se le fue el color, sino que permaneció absolutamente nuevo.»

Ur-Shanabi y Gilgamesh partieron de regreso cruzando las aguas mortíferas, pero Gilgamesh no se fue con las manos vacías. Para los pueblos del Mediterráneo oriental el regalo de despedida para un extranjero que regresa a casa honraba a ambos, receptor y donante. (En la *Odisea* de Homero, Menelao y Helena le hacen regalos de despedida a Telémaco, y en el mito egipcio del "Navegante Náufrago" al héroe no se le permite partir de la isla a la que habría arribado hasta que su partida haya sido honrada obsequiándolo con abundantes regalos.) El regalo de despedida que Ut-Napishtim le hizo a Gilgamesh es un "asunto muy guardado", es un "secreto de los dioses": una planta rejuvenecedora. Gilgamesh encuentra la planta, como se le dijo, en el fondo del mar, la recoge y parte hacia Uruk. Pero tras treinta leguas, mientras se lavaba por la noche en un estanque caliente, una serpiente huele la aromática planta y se la lleva. «Luego Gilgamesh se sentó y lloró.» Se da cuenta de que la inmortalidad no es para él: «Me rindo.»

Gilgamesh, acompañado también por Ur-shanabi, llega otra vez a Uruk, y Gilgamesh señala orgullosamente su auténtico logro, las magníficas ciudades de Uruk: «Tres millas cuadradas y la estepa rodean a Uruk».

Aquí se acaba probablemente la epopeya. La última tablilla parece haber sido añadida después; no encaja armoniosamente con el resto de la epopeya porque en ella Enkidu está vivo, cuando nosotros sabemos que murió en la Tablilla VII. En esta última tablilla, Gilgamesh hace dos objetos de madera; un *pukku* y un *mekku* (no sabemos lo que eran) que se caen a los infiernos. Enkidu desciende a los infiernos para recobrarlos pero no sigue las instrucciones de Gilgamesh y, por lo tanto, no puede regresar al mundo de los vivos (un tema popular). Gilgamesh va de dios en dios tratando de obtener la liberación de Enkidu, lo que al final consigue, tras lo cual Enkidu puede contarle a su amigo las miserables condiciones de los infiernos. De esta forma la epopeya acaba con un talante triste, muy diferente al del final de la Tablilla XI, en el que un Gilgamesh reconciliado consigo mismo se da cuenta de que su perpetuo recuerdo está asegurado por su magnífica construcción.

El mito de Atrahasis

La historia del Diluvio se preserva también en otro mito acadio. Según una versión de la Lista Real Sumeria, Atrahasis era hijo de Ubara-Tutu, rey de Shuruppak (el moderno Tell Fara en la Mesopotamia central), que se menciona en la Tablilla XI de la Epopeya de Gilgamesh como padre de Ut-Napishtim. De hecho, Atrahasis («Sapientísimo») y Ut-Napishtim («Encontró la Vida») son precursores del bíblico «Noé»; hay también un equivalente sumerio, Ziusudra («Larga Vida»). Atrahasis es, por tanto, una figura universal de gran antigüedad.

El mito empieza con los dioses teniendo que hacer todo el trabajo duro, cavando canales y limpiándolos, lo que no les gustaba. Después de 3.600 años deciden que ya habían tenido bastante y se arman para enfrentarse a Enlil. A Enlil le disgusta ser amenazado en medio de la noche, y su cara se pone tan

Escultura de una figura humana acostada con cabeza de toro. Toros alados macizos y leones decoraban y guardaban las entradas a los palacios y los templos.

amarilla como un tamarisco. Convoca a los grandes dioses para oír su caso, y deciden que Belet-ili, la diosa madre, cree a los mortales, que tendrían que hacer todo el trabajo penoso. Así lo hace, creando siete hombres y siete mujeres. De este pequeño comienzo surgirá una gran población, demasiado grande para Enlil:

> 600 años, menos de 600, pasaron,
> y el país se volvió muy extenso, la población muy numerosa.
> El país era tan ruidoso como un toro bramando.
> El Dios no podía descansar por su alboroto,
> Enlil tenía que oír su ruido.
> Se dirigió a los grandes dioses,
> «El ruido de la humanidad se ha vuelto excesivo,
> por su alboroto no duermo.»

Enlil lo intenta con una peste, con una sequía, con una hambruna. Atrahasis intenta conseguir que no trabajen. Las versiones paleobabilónica y estándar difieren, pero al final el efecto en las tres es devastador: después de seis años, la gente se come a sus hijas y no pueden hacer los duros trabajos para los que habían sido creados. Enki y Enlil discuten cuál es la mejor forma de actuar. Enlil decide hacer una «maldad» (el Diluvio), y Enki avisa a Atrahasis, dándole instrucciones específicas para la barca que tiene que construir, y le advierte de que el Diluvio durará siete días.

> El Diluvio rugía como un toro,
> como aúlla un asno salvaje rebuznando...
> La oscuridad era total, no había sol.

Desgraciadamente en el momento álgido de la acción (y justo cuando sería fascinante hacer comparaciones con la Epopeya de Gilgamesh y la Biblia) hay una gran laguna de 58 líneas, y la historia sólo se reanuda en un momento (semejante al de la Epopeya de Gilgamesh) en el que los dioses se reúnen en torno al sacrificio hecho por Atrahasis, peleándose por cuál es el culpable. Enki se toma la libertad de desvelarle a Atrahasis lo que se estaba preparando, pero en el muy fragmentado final parece que hay un acuerdo sobre la necesidad de frenar la reproducción humana. La responsabilidad de ello recae sobre la mujer, cuya fertilidad va a ser restringida, a veces por medio de la esterilidad y a veces deliberadamente en ciertas categorías sociales (como las prostitutas del templo).

La epopeya acaba con un resumen en forma de himno, probablemente declamado por Enlil:

> «Qué Diluvio, el que enviamos.
> Pero un hombre sobrevivió a la catástrofe.
> Eres el consejero de los dioses;
> a tus órdenes creé el conflicto.
> Que los Igigi oigan este canto
> para alabarte,
> y que registren tu grandeza.
> Cantaré del Diluvio a todos los pueblos:
> ¡Oíd! ❑

La Epopeya de la Creación

L a Epopeya de la Creación, a diferencia de la de Gilgamesh, parece haber
sido casi desconocida fuera de Mesopotamia. Las tablillas se han encontrado en Sultantepe, Nínive, Kish y Babilonia, pero (otra vez a diferencia
de la Epopeya de Gilgamesh) muestran pocas variaciones. Es una epopeya sólo
en el sentido de que trata sobre acontecimientos cosmológicos; no hay héroes
mortales y, como veremos, hay poco drama y ningún suspense. Su naturaleza
es la de un libro sagrado que se recitaba durante las celebraciones de la Fiesta
del Año Nuevo en Babilonia.

La epopeya comienza al principio de los tiempos,

> Cuando los cielos aún no tenían nombre
> ni de la tierra se pronunciaba el nombre, ...

y sólo había dos dioses: Apsu, que representa a las aguas primordiales que están
bajo la tierra, y Tiamat, que es la personificación del mar. Éstos engendraron
dos generaciones de dioses que, como en el mito de Atrahasis, se volvieron
extremadamente ruidosos y cuyo ruido se volvió insoportable:

> Los dioses de esa generación se juntaban
> y molestaban a Tiamat, y su clamor reverberaba.
> Y excitaron la barriga de Tiamat,
> ellos la enojaban al jugar dentro de Anduruna*.
> Apsu no podía sofocar su alboroto...
>
> *un nombre de la morada del dios*

Apsu se enfrentó a Tiamat, que se inclinaba a ser indulgente con su ruido-
sa descendencia, y en voz alta dijo:

> «Sus costumbres se han vuelto muy penosas para mí,
> de día no puedo descansar, de noche no puedo dormir.
> ¡Voy a acabar con sus costumbres y los dispersaré!
> Que reine la paz para que podamos dormir.»

Tiamat se enfada, pero Apsu se confabula con su visir, Mummu, para poner
fin a sus molestas costumbres. Antes de que pudieran llevar adelante su plan,
sin embargo, es descubierto por Ea «que todo lo sabe». Interviene, y los hace
caer en un sueño profundo y luego los mata. Ea asume el cinto, la corona y el
manto de luz y, muy satisfecho, se retira a sus habitaciones privadas.

Ea se apodera de la residencia de Apsu, y en ella él y su esposa Damkina
crean a Marduk, excesivo en todo:

*Dos demonios-ugallu en combate (arriba), y una impresión (debajo) de un sello de diorita moteada con blanco y negro, mostrando a un dios sobre un dragón-*mušhuššu. *Un dios intercesor muestra a un devoto que lleva un animal al sacrificio*

*Impresión de un cilindro-sello (arriba) mostrando un héroe-*lahmu *barbado, con el pelo dividido por la mitad y los rizos dispuestos en tres partes a ambos lados de la cara. Está tomando parte en un lucha.*
Impresión de cilindro-sello (abajo) mostrando un hombre-toro en una escena de lucha.

Él mamaba de los pechos de las diosas;
la niñera que lo criaba lo alimentaba asombrada.
Era de porte orgulloso, de mirada penetrante,
maduro desde que nació, poderoso desde el principio.
Aún el progenitor de su padre lo observaba.
Y se regocijaba, estaba radiante; su corazón estaba lleno de gozo.
Tan perfecto lo hizo que su divinidad se duplicó.
Elevado por encima de ellos, era en todo superior.
Sus miembros estaban hechos ingeniosamente más allá de toda comprensión.
Imposible de entender, demasiado difícil de captar.
Cuatro eran sus ojos, cuatro sus orejas;
cuando se movían sus labios surgía fuego.
Las cuatro orejas eran enormes
e igualmente los ojos; lo captaban todo.
Era el más alto de entre los dioses, su porte era excepcional.

Tiamat es molestada y no puede descansar. Los dioses traman el mal en sus corazones y convencen a Tiamat de que tiene que vengar la muerte de Apsu. Tiamat crea una tropa de monstruos espantosos:

Puso una serpiente cornuda, un dragón *mušhuššu* y un héroe *lahmu*,
un demonio *ugallu*, un perro rabioso y un hombre-escorpión,
demonios *ūmu* agresivos, un hombre-pez y un hombre-toro.

El principal monstruo es Qingu, a quien confiere el mando del ejército. Lo pone sobre un trono, se dirige a él como a «su único amante» y le da la Tablilla de los Destinos. Este último honor le otorga a su poseedor el poder supremo.

La Tablilla II empieza con Tiamat supervisando sus fuerzas de combate y con la noticia de que éstas alcanzaron a Ea, que «enmudeció y se quedó en silencio». A su padre Anshar le describe las serpientes gigantes de Tiamat, que son:

«De dientes afilados, y de abundantes colmillos.
Ella llena sus cuerpos de veneno en vez de sangre.
Cubre a los feroces dragones con terroríficos rayos,
y hace que lleven mantos de luz...»

Luego repite palabra por palabra la lista de monstruos, y le cuenta la concesión de la Tablilla de los Destinos a Qingu. Anshar está realmente preocupado: retuerce sus dedos, se muerde los labios, su hígado está inflamado y su vientre no descansa. Le ruge a Ea: «¡Tienes que ser el que declare la guerra!»

En la laguna que sigue podemos presumir que Ea combate contra Tiamat y pierde, porque luego Anshar se dirige a Anu en términos semejantes. En otra parte fragmentada es evidente que Anu también se lanza a la batalla, pero también fracasa.

Anshar estaba sin habla, y miraba fijamente al suelo;
sus dientes rechinaban y movía su cabeza [de desesperación] hacia Ea.
Ahora los Igigi se reunieron, y también todos los Anukki.
Se quedaron en silencio [durante un rato], sin mover los labios.

Finalmente hablaron:

¿Ningún otro dios lo va intentar? ¿Está ya fijado el destino?

Esta es la oportunidad de Marduk. Desde su morada secreta Ea responde:

«El poderoso heredero que debe ser el campeón de su padre,
el que se lanza [sin temor] a la batalla: ¡Marduk, el héroe!»

Marduk se alegra; se acerca a Anshar, cuyo corazón está lleno de alegría. Dejando a un lado su ansiedad, besa a Marduk en los labios. Marduk está seguro de sí mismo:

«¡Padre, creador mío, regocíjate y alégrate!
¡Pronto pondrás tu pie sobre el cuello de Tiamat!»

Pero pone una condición: si tiene éxito en derrotar a Tiamat y en salvar sus vidas, exige ser el dios supremo:

«¡Mi palabra establecerá el destino en vez de la tuya!
¡Lo que yo cree jamás será alterado!
El edicto surgido de mis labios no será nunca revocado, nunca será alterado!»

Anshar convoca una reunión de dioses para que se le cuenten los detalles de los actos de Tiamat, de la amenaza que representa y de la llegada de Marduk y de la condición que impone. Los dioses están todos reunidos en un banquete:

> Se despreocuparon totalmente, estaban felices,
> y proclamaron a Marduk su campeón.

A pesar de su confianza en él, primero lo sometieron a una prueba:

> Pusieron en medio una constelación,
> y luego se dirigieron a su hijo Marduk:
> «¡Que tu palabra, oh Señor, impresione a los dioses!
> ¡Manda destruir y recrear, y haz que así sea!
> ¡Habla y haz que la constelación se desvanezca!
> Háblale de nuevo y haz que reaparezca.»
> Habló y con su palabra la constelación desapareció.
> Habló de nuevo y la constelación fue recreada.
> Cuando sus padres los dioses vieron lo eficaz que era su palabra,
> se alegraron y proclamaron: «¡Marduk es el rey!»

Marduk prepara sus armas para la gran batalla: un arco y flecha, una maza en su mano derecha, alumbrando ante él, y una llama ardiendo en su cuerpo. Hace igualmente una red para atrapar a Tiamat y ordena que siete vientos lo precedan para crear desorden dentro de Tiamat. Luego hace surgir su gran arma la inundación y se monta en el «terrorífico, inafrontable carro de la tormenta»; sus cuatro caballos se llaman «Asesino», «Sin Piedad», «Corredor» y «Volador», y sus dientes tienen veneno.

Irradiando terror, Marduk emprende el camino a Tiamat, pero cuando la ve, su voluntad se desmorona y no es capaz de decidir qué hacer. Aunque parezca algo irreal, es un recurso mítico común (usado también en la Epopeya de Gilgamesh) para hacer crecer la tensión, poniendo la inevitable victoria temporalmente en la balanza. Tiamat sonríe despectivamente, y el valor de Marduk se restablece. Desafía a Tiamat a combate singular. Aquí está el momento álgido, la escena de la gran batalla hacia la que se ha encaminado todo:

> Se encontraron cara a cara Tiamat y Marduk, de la raza de los dioses.
> Se atacaron en combate, se abordaron en la batalla.
> El Señor extendió su red y le rodeó con ella,
> le lanzó el viento *imhullu,* que había estado detrás:
> Tiamat abrió la boca para tragarlo,
> y él hizo más fuerte el viento para que ella no pudiese cerrar sus labios.
> Los vientos feroces le aflojaron el vientre;
> sus entrañas se estriñeron y su boca hizo un rictus de dolor.
> Él arrojó una flecha que penetró en su vientre,
> la partió por la mitad y traspasó su corazón,
> la derrotó y acabó con su vida.
> Arrojó su cuerpo a tierra y se puso encima.

Los dioses que habían formado parte del terrorífico ejército de Tiamat se espantaron y escaparon, pero fueron capturados por Marduk y metidos en la red, donde se encogieron de miedo:

Y en cuanto a las docenas de criaturas, cubiertas de espantosos rayos,
la banda de demonios que marchaban a su derecha,
los inmovilizó con cuerdas en los hocicos y les ató los brazos.

Qingu es eliminado y la Tablilla de los Destinos le es arrebatada. Marduk la sella con su propio sello y la aprieta contra su pecho. Luego pone su atención de nuevo en Tiamat:

El Señor pisó la parte baja de Tiamat,
con su gran maza aplastó su cráneo,
cortó las arterias de su cuerpo...

Luego la abrió por la mitad «como un pescado para secar», de una mitad hizo un techo para el cielo, y de la otra mitad hizo la tierra que guarda debajo las aguas subterráneas. En ella construyó el gran templo de Esharra donde fundó centros de culto para Anu, Enlil y Ea.

Luego Marduk procedió a organizar el resto del universo: nombrando los meses del año, otorgándole tres estrellas a cada uno, preparando residencias para los grandes dioses, haciendo que surgiese la luna creciente denominándola «la joya de la noche que marca los días». De la saliva de Tiamat hizo las nubes que se deslizan, el viento y la lluvia. De su veneno hizo la niebla ondulante. De sus ojos abrió el Éufrates y el Tigris.

Dibujo tomado de un cilindro-sello mostrando a Marduk y a un dragón-mušhuššu sometido, uno de los monstruos reclutados por Tiamat. Aquí Marduk tiene la vara y el anillo de la realeza en su mano izquierda. Su túnica está decorada con medallones y lleva una corona muy trabajada.

Los dioses acogen su salvación con gratitud y preparan una recepción a Marduk, a quien Anu, Enlil y Ea hacen regalos. Lo visten con magníficas ropas y le otorgan la realeza. En respuesta Marduk les dice:

«Sobre el Apsu, la residencia verde mar,
frente a Esharra, que creé para vosotros,
[donde] desplegué el suelo por debajo para un santuario,
haré una casa para que sea una residencia lujosa para mí,
y fundaré su centro de culto [el de Marduk] en ella,
y estableceré mis aposentos privados, y confirmaré mi realeza.
Siempre que vengáis desde el Apsu para una asamblea,
os hospedaréis en él, y yo os recibiré a todos.
Desde ahora le doy el nombre de Babilonia, el hogar de los grandes dioses.
La convertiré en el centro religioso.»

Pero los trabajos de Marduk no han terminado aún. Decide hacer milagros y cuenta su plan a Ea:

«Voy a juntar sangre y también huesos.
Voy a crear el primer hombre: su nombre será Hombre.»

Como en el mito de Atrahasis, el hombre se crea para hacer el trabajo de los dioses para que estos puedan gozar de tranquilidad. La venganza divina se toma sobre el cadáver de Qingu y la humanidad se crea a partir de su sangre. Luego

Reconstrucción del zigurat de Babilonia y su planta.

Marduk divide a los dioses entre los del cielo y los de los infiernos. En agradecimiento, los dioses se ofrecen a construir el hospedaje del que había hablado Marduk. Éste está entusiasmado:

> Su cara se iluminó, como la luz del día.
> «¡Cread Babilonia, cuya construcción pedís!
> Que sean construidos los ladrillos de barro, y que sea alzado el santuario!»

Éste va a ser el último trabajo que hagan los dioses. Durante todo un año construyen ladrillos, y al final del segundo año han construido ya el gran santuario y el *zigurat* de Esagila. Para celebrarlo, Marduk hace un banquete y es proclamado rey de los dioses. La epopeya acaba con la enumeración de cincuenta nombres honoríficos de Marduk, con explicaciones esotéricas de cada uno de ellos.

Gran parte de la Epopeya de la Creación trata de asuntos religiosos, lo que explica su estilo poco excitante. Es muy reiterativo y su mensaje es críptico. No hay invitación introductoria, como en la Epopeya de Gilgamesh, para que la audiencia comparta la historia, y en términos literarios es más heráldica, menos narrativa, y tiene un rico vocabulario dentro de un elevado estilo hímnico. Tal vez haya que verla fundamentalmente más como una obra hecha para leerla en un contexto religioso, y menos como pensada para el entretenimiento.❒

Mitos menores

L a Epopeya de la Creación, descrita en el capítulo anterior, habla del ascenso de Marduk a la soberanía en el panteón divino. La Epopeya de Erra, probablemente compuesta desde los siglos IX al VIII a. de C., presenta una visión muy diferente de Marduk el Héroe, visto aquí como senil, impotente y confuso. Los escribas y poetas pasaron un momento difícil al explicar por qué Babilonia, en otros tiempos tan gloriosa, había sido ahora abandonada por su dios y conquistada por los enemigos, razón por la cual tal vez la obra sea tan llamativamente polémica y retórica.

De hecho, la epopeya contiene algunos pasajes dramáticos que describen los efectos de la guerra y la peste, que son obra de Erra, y las bendiciones de la paz y la prosperidad, que Babilonia tiene aseguradas cuando el dios de la ciudad vuelva a estar en el lugar que le corresponde. Realmente el argumento es casi inexistente, y la epopeya apenas intenta describir los acontecimientos secuencialmente; en vez de eso, los tres protagonistas –Erra, el buen visir Ishum y Marduk– asumen el papel central sucesivamente, haciendo cada uno individualmente su discurso.

La Epopeya de Erra

La epopeya empieza con la fórmula que se encuentra también en la Epopeya de Anzu: «Canto acerca del hijo del rey de todas las tierras pobladas...», un prólogo dirigido a Erra e Ishum. Erra, «guerrero de los dioses, estaba inquieto en casa», instándole su corazón a hacer la guerra. Erra (también conocido como Nergal) es el dios de la peste y señor de los infiernos. Tal era su reputación que en tablillas de arcilla en forma de amuletos aparecían textos de la epopeya que se colgaban sobre los muros de las casas para evitar las enfermedades y proteger a sus moradores.

A pesar de su temperamento guerrero, Erra está preso de la fatiga y no es capaz de ponerse en acción. Les dice a sus armas «¡que sigan en el armario!». Pero estas armas –de las cuales los Sebitti, siete guerreros que marchan a su lado, son las de mayor importancia– lo hacen ponerse a la labor:

> «¿Por qué permaneces en la ciudad como un débil anciano?
> ¿Cómo puedes estar en casa como un crío que cecea?
> ¿Vamos a comer el pan de las mujeres, como quien nunca ha ido al campo de batalla?
> ¿Vamos a estar aterrados y nerviosos como si no tuviéramos experiencia en la guerra?
> ¡Ir a la batalla es tan bueno como lo es para los jóvenes una fiesta!»

Se quejan de que pronto no servirán para ir a la guerra:

Amuleto de arcilla con la Epopeya de Erra. Los amuletos tenían una función mágica, y éste debía de estar colgado en una casa para proteger a la familia de las plagas (personificadas por Erra). Se muestra con el texto en la dirección correcta, aunque la zona de suspensión esté abajo.

«¡Y nosotros, que conocemos los pasos de montaña, ya casi hemos olvidado el camino!
Los vientres de las arañas han tejido sobre nuestra panoplia militar,
nuestros fieles arcos se han rebelado y vuelto demasiado duros para nuestra fuerza.
Las puntas afiladas de nuestras flechas se han vuelto romas.
Nuestras espadas están corroídas por el cardenillo por falta de carne.»

Erra el guerrero se anima con sus palabras cuando lo halagan llamándole «el mejor óleo». Le dice a su visir Ishum que encabece la marcha. Ishum hace un gesto de disconformidad, pero Erra está decidido, y se propone enfrentarse a Marduk. Al entrar en Esagila, el templo de Marduk en Babilonia, le espeta a éste que sus adornos están sucios y su corona deslucida. Este es un ardid para irritar a Marduk. Marduk explica que los artesanos que necesita para que le den a sus insignias su primitivo lustre están ahora en el reino de las aguas dulces bajo la tierra y que no podían regresar. Erra lo convence de que baje junto de ellos, prometiendo que en el interín gobernará y tendrá bajo su control la tierra y el cielo. Marduk, entonces, parte.

En ausencia de Marduk, Erra trama devastar Babilonia, haciendo de sus ciudades un desierto, profanando sus santuarios sagrados, dejando en ruinas sus palacios reales, y sembrando conflictos entre familias. Ishum interviene y en dos ocasiones intenta, en vano, hacer que Erra cambie de idea. En su tercer intento describe apasionadamente el efecto perverso de la asolación de Babilonia.

«El que desconoce las armas desenvaina su espada,
el que desconoce la batalla hace la guerra,
el que desconoce las alas vuela como un pájaro, el débil protege al que tiene fuerza,
el gordo sobrepasa al corredor.»

Ishum informa de que el propio Marduk ha gritado «¡oh!», sobrecogiéndosele el corazón. Por toda Babilonia, en Sippar, Uruk y Der, la gente está en guerra y el país asolado. Concluye:

«Oh, guerrero Erra, has puesto al justo ante la muerte,
has puesto al injusto ante la muerte.
Has puesto ante la muerte al hombre que te había ofendido,
has puesto ante la muerte al hombre que no te había ofendido,
has puesto ante la muerte al *en* que hacía ofrendas *taklimu* puntualmente,
has puesto ante la muerte al cortesano que servía al rey,
has puesto ante la muerte a los ancianos del pórtico,
has puesto ante la muerte a las muchachas en sus habitaciones,
sin embargo, no descansas...»

Erra está desafiante y se dirige a todos los dioses:

«¡Callaos todos y escuchad lo que tengo que decir!
¿Qué si pretendía el daño que acabo de hacer?
¡Cuando estoy furioso devasto al pueblo!»

Ishum lo tranquiliza:

«Guerrero, cálmate y escucha mis palabras!
¿Qué tal si fueras ahora a descansar y nos ocupáramos de ti?
¡Todos sabemos que no hay quien pueda hacerte frente en un día de ira!»

Apaciguado, Erra se retira a su templo en Kutha. Ishum reúne a la gente dispersa de Acad, profetizándoles la victoria y la prosperidad y un momento en el que mirarán hacia atrás y recordarán la destrucción que se abatió sobre ellos.

«Durante innumerables años se cantarán las alabanzas del gran señor Nergal y del
    guerrero Ishum;
cómo Erra se enfadó y se enfrentó con los países victoriosos y destruyó a los
    pueblos,
pero su consejero Ishum lo apaciguó de forma que dejó un remanente!»

Y Erra concluye:

«¡Que este canto se mantenga por siempre, que dure por la eternidad!
¡Que todas las naciones lo escuchen y alaben mi valor!
¡Que los pueblos vean y magnifiquen mi nombre!»

Etana

Este mito trata de un antiguo rey de Kish, cuyo nombre aparece en la Lista Real Sumeria. Una fábula sobre un águila y una serpiente que viven en el mismo árbol se incorpora a un motivo central sobre un rey sin hijos que busca una planta mágica para asegurarse un heredero. Es el único mito mesopotámico del

Impresión de un cilindro-sello, mostrando a Etana sobre el lomo del águila.

que se han reconocido ilustraciones: cilindros-sellos del período acadio (2390-2249 a. de C.) representan el episodio en el que Etana asciende a los cielos sobre la grupa de un águila. Es posible que la lucha entre el águila y la serpiente fuese tiempo atrás en sí misma una fábula animal; la historia sumeria de Gilgamesh y el Árbol Halub, que habla de una serpiente y un pájaro que vivían en un álamo, puede apoyar esta teoría.

La Tablilla I empieza con la fundación de Kish, en que los grandes dioses, los Igigi y los Annunaki, habían tomado parte. Ishtar está buscando afanosamente un rey, y Enlil busca un estrado para un trono. Desgraciadamente, las últimas 120 líneas se han perdido, pero podemos suponer que Enlil e Ishtar aseguran que Etana subirá al trono.

La Tablilla II presenta al águila y a la serpiente, que viven en un álamo a la sombra del estrado. Ambos pactan no sobrepasar el límite puesto por Shamash, y durante algún tiempo viven armoniosamente, alternándose en la caza, cuyas presas comparten ellos y sus crías. Pero cuando el aguilucho se volvió grande y hermoso:

> El águila concibió el mal en su corazón,
> y en su corazón se concibió el mal,
> y decidió comerse a las crías de su amigo.

Inmediatamente el águila recibe un aviso:

> Un pajarito, especialmente sabio, se dirigió al águila, su padre:
> «¡Padre, no los comas! La red de Shamash te atrapará.
> Las trampas [sobre las que se hizo] el juramento a Shamash se volverán contra ti y
>   te atraparán.»

Pero el águila no se da por advertida. Espera a la noche, luego baja y se come a las crías de la serpiente. La serpiente regresa, trayendo carne, y mira a su nido: «Lo miraba fijamente, porque su nido ya no estaba allí.»

La serpiente espera toda la noche y por la mañana llama e invoca a Shamash:

«Confié en ti, Shamash el guerrero,
y ayudé al águila que vive en las ramas.
Ahora el nido de la serpiente ha sido dolorosamente golpeado.
Mi propio nido no está allí, mientras que su nido está a salvo.
Mis crías están dispersas y las suyas están a salvo.
¡Bajó y se comió a los míos!
¡Sabes el mal que me ha hecho, Shamash!
¡De verdad, oh Shamash, tu red es tan grande como la tierra,
tu trampa es tan ancha como el cielo!
El águila no debe escapar a tu red...»

Shamash no está sordo a la llamada y manda a la serpiente que busque un toro bravo (que estaba esperando atado), que abra sus entrañas y que se esconda dentro del estómago del toro. Todo tipo de pájaros vendrán a comer de la carne, y entre ellos está el águila. Cuando el águila esté comiendo, la serpiente tiene que agarrarla por el ala, cortar sus alas y tirar al pájaro a un foso sin fondo donde morirá de hambre y de sed.

Todo va de acuerdo con lo planeado, aunque el excepcionalmente sabio pajarito intenta de nuevo detener a su padre («No bajes, padre; tal vez la serpiente te esté esperando dentro de ese toro salvaje»). Una vez más es desoído y al poco tiempo el águila, con sus alas rotas, está en el fondo del foso.

Ahora le toca al águila orar a Shamash, lo que hace cada día. Al fin Shamash responde:

«Eres perverso y has afligido mi corazón.
Has hecho·algo imperdonable, una abominación ante los dioses.
¡Te mueres y no acudiré a ti!
Pero viene un hombre, que te envío; déjale que te ayude.»

El hombre es Etana, el cual también había orado todos los días a Shamash:

«Oh Señor, habla
y dame la planta que hace engendrar,
¡muéstrame la planta que hace engendrar!
Quítame este oprobio y dame un hijo.»

Shamash le da a Etana instrucciones exactas de dónde encontrar al águila abandonada, diciéndole que el ave le mostraría luego la planta que hace engendrar. El águila acepta inmediatamente, pero primero debe ser ayudada a recuperarse; y así con gran paciencia, Etana le enseña al águila a volar de nuevo. Pasa un mes, dos meses, tres, cuatro, cinco, seis, siete meses:

Al octavo mes le ayudó a recuperarse.
El águila, ahora bien alimentada, era tan fuerte como un león fiero.
El águila hizo que su voz se oyese y le habló a Etana:
«¡Amigo mío, somos realmente amigos, tú y yo!
Dime lo que deseas de mí y te lo daré.»

Etana, sin perder tiempo, le pide al águila que le ayude a cambiar su destino, a encontrar la planta que hace engendrar. El águila da vueltas sobre la montaña, pero no puede encontrar la planta, por lo que Etana le sugiere al águila que lo lleve encima sobre sus espaldas:

«Pon tus brazos alrededor de mis costados,
pon tus manos sobre las plumas de mis alas.»

Etana pone sus brazos alrededor de los costados del águila y sus manos sobre las plumas de sus alas y se remontan a la altitud de una milla. El águila le dice a Etana: «¡Amigo mío, mira el país! ¿Qué te parece?» Etana contesta que el ancho mar no es más grande que un redil. Se remontan una milla más:

«¡Amigo mío, mira el país! ¿Qué te parece?»
«¡El país se ha convertido en un jardín...
y el ancho mar no es más grande que un cubo!»

Se remontan una milla más y el águila vuelve a preguntarle de nuevo. Pero esta vez Etana contesta que no puede ver el país ni tampoco el ancho mar.

«Amigo mío, no puedo seguir subiendo hacia el cielo.
emprende el camino de vuelta y déjame volver a mi ciudad.»

El águila lo devuelve a la tierra. Luego viene una laguna de un número indeterminado de líneas en las que aparentemente regresan a Kish y en las que Etana tiene una serie de sueños animándolo a que intente de nuevo alcanzar el cielo. El águila lo vuelve a elevar una vez más –una milla, dos millas, tres millas– y llegan al cielo de Anu. El águila y Etana pasan a través de la puerta de Sin, Shamash, Adad e Ishtar; emprenden el vuelo hacia abajo, y aquí se interrumpe el texto. No sabemos lo que ocurrió en el cielo de Anu, pero podemos suponer que en algún momento encontraron la planta que hace engendrar porque, al menos en la Lista Real Sumeria, Etana es sucedido por un hijo llamado Balih.

Adapa

Adapa, como Etana y Gilgamesh, es un mortal de ascendencia divina y, como Gilgamesh, no llega a alcanzar la inmortalidad pero recibe una compensación –en este caso, el ser el más sabio de los hombres.

Adapa es un sacerdote de Ea en el templo de Eridu. Cada día Adapa se encarga de los rituales: hace pan y prepara el ara de las ofrendas, y como pescador del templo, sale en su barca para pescar. Un día se interrumpe su reglamentada rutina por el viento del sur, aunque no sabemos exactamente cómo, porque hay una laguna de una longitud indeterminada. Cuando se reanuda el texto, Adapa está regañando al viento del sur y amenazándolo con romperle las alas. Luego cumple la amenaza y, durante siete días, el viento del sur no sopla. Anu se da cuenta y pregunta a su visir Ilabrat el motivo. Ilabrat le dice que Adapa ha quebrado las alas del viento del sur, y Anu requiere la presencia de Adapa. Antes de que Adapa parta, Ea le advierte:

«Cuando estés ante Anu
pondrá ante ti el pan de la muerte, entonces no deberás comerlo.
Pondrá ante ti el agua de la muerte, entonces no deberás beber.»

Adapa se presenta ante Anu y le explica lo que ha pasado:

«Señor, yo estaba pescando en el mar
para mi señor [Ea].
Pero él levantó una tormenta en el mar
y el viento del sur sopló y me hundió.
Me vi obligado a residir en el hogar de los peces.
En mi ira maldije al viento del sur.»

Dumuzi y Gizzida, dos dioses porteros, le hablaron a Anu a favor de Adapa. Esto lo tranquilizó y dio órdenes de que se le diese a Adapa comida y bebida.

Le acercaron el pan de la vida [eterna], pero él no comió.
Le acercaron el agua de la vida [eterna], pero el no bebió.

Adapa, recordando las instrucciones de Ea, ha rechazado el pan y el agua de la inmortalidad. Desgraciadamente el resto de la epopeya se ha perdido. No sabemos si Ea engañó a propósito a Adapa o si Ea creía realmente que le serían ofrecidos a Adapa el pan y el agua de la muerte.

La Epopeya de Anzu

Con esta epopeya volvemos al tema, que nos es familiar por la Epopeya de la Creación, de un rebelde que lucha por el poder supremo y que recurre a las trampas y a los engaños para conseguir sus fines, por lo cual hay que encon-

Dibujo de un relieve del palacio de Ninurta en Nimrud. Ninurta ataca al pérfido pájaro Anzu.

trar un salvador que derrote al usurpador en un combate heroico. En este caso tenemos al pérfido Anzu, el aviforme hijo de Anu.

La epopeya comienza con la fórmula «Canto acerca de ...». En la versión común el héroe es el dios guerrero Ninurta. En la versión paleobabilónica el héroe es Ningirsu, patrón de la ciudad de Girsu en la Mesopotamia Central; esta versión está escrita en forma resumida, y de ella sólo conservamos un parte muy pequeña.

La historia empieza con un prólogo que hace una presentación de Ninurta y que narra sus grandes proezas. Luego los dioses informan a Enlil del nacimiento de Anzu. La descripción completa es muy fragmentaria, pero lo que hay sugiere fuerza, poder y furia. Al principio Ea convence a Enlil de que deje que Anzu le sirva como guardia personal y Enlil lo destina a guardar la entrada a su cámara. En presencia de Anzu, Enlil se baña con frecuencia en agua sagrada. Anzu lo miraba espectante:

> Sus ojos miraban los atributos del poder de Enlil:
> la corona de señor, la túnica de dios,
> la Tablilla de los Destinos en sus manos. Anzu miraba atentamente,
> y miraba al dios de Duranki, padre de los dioses,
> y estableció su fin, usurpar el poder de Enlil.

Muy pronto se lleva a cabo su pérfido plan.

> Y un día en la entrada de la cámara desde la que observaba, esperó al alba.
> Cuando Enlil se estaba bañando en el agua sagrada,
> desnudo y con su corona sobre el trono,
> cogió la Tablilla de los Destinos,
> despojó a Enlil de su poder.

Anzu huye para esconderse con los atributos divinos, y Anu inmediatamente exigió la ejecución de Anzu. Primero llama a su propio hijo Adad para que golpeara a Anzu con el rayo, su arma, prometiéndole la supremacía en la asamblea de los dioses si lo lograba. Pero Adad no lo hará:

> «¿Padre, quién podría acceder a la montaña inaccesible?
> ¿Cuál de los dioses, tus hijos, será el vencedor de Anzu?
> Porque él ha cogido la Tablilla de los Destinos,
> ha arrebatado el poder de Enlil; ¡los ritos se han abandonado!»

Él se va, diciendo que no emprenderá la expedición. Luego los dioses convocan a Gerra para que queme a Anzu con el fuego, su arma. Gerra contesta:

> «¿Padre, quién podría acceder a la montaña inaccesible?
> ¿Cuál de los dioses, tus hijos, será el vencedor de Anzu?
> Porque él ha cogido la Tablilla de los Destinos,
> ha arrebatado el poder de Enlil; ¡los ritos se han abandonado!»

Él se va, diciendo que no emprenderá la expedición.

Luego llaman a Shara, el hijo de Ishtar para que golpee (?) a Anzu con ..., su arma (no sabemos muy bien cuál es, ya que el texto se interrumpe aquí). Pero Shara rechaza igualmente la oportunidad de obtener la gloria en idénticos términos. Al tercer rechazo, los dioses se quedan en silencio y desesperados.

Ea, «el Señor de la inteligencia», da forma a una idea en las profundidades de su ser. Llama a Belet-ili, la gran diosa madre, para que cree a Ninurta el de anchos pechos, su «magnífico amado». Ella así lo hace, con un inspirado conjuro:

> «¡Haz un camino, determina la hora,
> que amanezca para los dioses que creé!
> Reúne a tus devastadoras fuerzas de combate,
> haz que tus funestos vientos relampagueen cuando marchen sobre él,
> Captura a Anzu
> e inunda la tierra, a la que yo creé, destruye su morada.
> Que el terror truene sobre él,
> que el terror de tus fuerzas de combate lo estremezcan,
> haz que el torbellino asolador se levante contra él.
> Pon tu flecha en el arco, empápala en veneno.»

Así inspirado, Ninurta toma el mando de los siete vientos funestos «que danzan en el polvo». Reúne unas huestes de guerra terroríficas.

> Sobre la ladera de la montaña se encontraron Anzu y Ninurta.
> Anzu lo miraba y temblaba de rabia ante él,
> enseñaba los dientes como un demonio *ūmu*; su manto de luz cubría la montaña,
> rugía como un león en una rabia repentina ...

A esto siguió una feroz batalla:

> Llovió de nubes de muerte, una flecha pasó relampagueando,
> pasó rauda, las fuerzas de combate rugían.

Ninurta tensa de nuevo el arco y lanza otra flecha, pero Anzu, blandiendo la Tablilla de los Destinos, la desvía con facilidad. Ninurta envía un mensajero para pedir consejo a Ea. Ea le dice al mensajero:

> No dejes que la batalla se debilite, aprovéchate de tu victoria.
> Agótalo para que pierda sus alas en la acometida de las tempestades.
> Coge una jabalina para que siga tus flechas
> y córtale las alas, arráncale la derecha y la izquierda...»

El mensajero regresa junto a Ninurta y repite el consejo de Ea palabra por palabra. Ninurta se pone una vez más al mando de sus siete vientos y entra de nuevo en combate.

En este excitante momento termina la Tablilla II. El principio de la Tablilla III está muy fragmentado, pero parece que reina la asolación; hay incendios y confusión, durante la cual la flecha de Ninurta traspasa el corazón y los pulmones de Anzu y mata al pérfido pájaro. Ninurta recobra la Tablilla de los Destinos y les comunica a los dioses las buenas noticias. La epopeya acaba a la manera tradicional:

> «Has capturado a Anzu, lo has matado cuando era poderoso,
> has matado a Anzu cuando era poderoso.
> Como fuiste tan valiente y mataste a la montaña,
> hiciste que todos los enemigos se arrodillasen a los pies de tu padre Enlil.
> Como fuiste tan valiente y mataste a la montaña,
> hiciste que todos los enemigos se arrodillasen a los pies de tu padre Enlil,
> te has ganado todo el poder, todos los ritos.»

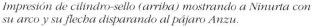
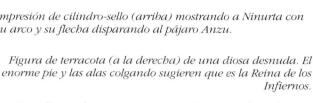

Impresión de cilindro-sello (arriba) mostrando a Ninurta con su arco y su flecha disparando al pájaro Anzu.

Figura de terracota (a la derecha) de una diosa desnuda. El enorme pie y las alas colgando sugieren que es la Reina de los Infiernos.

Los dioses le otorgan unos veinte nombres honoríficos, como había sucedido con Marduk al final de la Epopeya de la Creación.

El descenso de Ishtar a los infiernos

Aunque desgraciadamente incompleto, éste es un refinadísimo cuento de cómo (pero no de por qué) la diosa Ishtar desciende a los infiernos, a Kurnugi, el país sin regreso, y cómo, una vez allí, fue aprisionada hasta que Ea consiguió su liberación. Los infiernos son un lugar oscuro, sombrío y polvoriento en donde la hermana de Ishtar Ereshkigal es la reina.

Ishtar llega a la puerta de Kurnugi, decidida a entrar.

«¡Eh portero, ábreme la puerta,
abre tu puerta para que entre!
Si no abres la puerta para que entre,
la haré pedazos y destrozaré el cerrojo,
haré pedazos las jambas y derrumbaré las puertas,
haré levantarse a los muertos y se comerán a los vivos:
¡Los muertos sobrepasarán en número a los vivos!»

El portero va inmediatamente hacia Ereshkigal:

Cuando Ereshkigal lo oyó,
su cara se volvió lívida como el tamarisco,
sus labios se oscurecieron como el borde de una vasija *kuninu*.*

El borde de una vasija kuninu se bañaba en betún, volviéndola negra.

Se preguntó a sí misma qué podría traer a Ishtar a su reino, y con tono amenazador le dio instrucciones al portero:

«Ve, portero, ábrele la puerta.
Trátala de acuerdo a los antiguos ritos.»

Luego sigue una escena repetitiva y ritualista en siete escenarios, típica del mito mesopotámico, en la que la hermosa y maravillosamente ataviada Ishtar es sistemáticamente despojada de sus joyas. En la primera puerta Ishtar es despojada de la gran corona que lleva sobre la cabeza.

«Portero, ¿por qué me has quitado la gran corona de la cabeza?»
«Entrad, mi Señora. Tales son los ritos de la Señora de la Tierra.»

En la segunda puerta Ishtar es despojada de los pendientes de sus orejas.

«Portero, ¿por qué me has quitado los pendientes de las orejas?»
«Entrad, mi Señora. Tales son los ritos de la Señora de la Tierra.»

En la tercera puerta Ishtar es despojada de las cuentas que llevaba alrededor del cuello; en la cuarta, de las fíbulas de sus pechos; en la quinta, del cinto de piedras astrales de su cintura; en la sexta, de los brazaletes de sus tobillos y muñecas; y en la séptima puerta se le despoja del soberbio adorno de su cuerpo. De esta manera está desnuda cuando al final llega ante su hermana, pero todavía Ereshkigal tiembla. La reina de los infiernos convoca a su visir Namtar y le ordena que envíe contra Ishtar sesenta enfermedades –a sus pies, a sus brazos, a sus pies, a su cabeza, a todas las partes.
Entre tanto, en la tierra, toda la actividad sexual se acabó.

El buey no montaba a la vaca, el burro no fecundaba a la burra,
el joven no fecundaba a la muchacha en la calle,
el joven dormía en su habitación privada,
la muchacha dormía en compañía de sus amigas.

Papsukal, el visir de los grandes dioses, llora ante Ea, y Ea, como es habitual, da con una solución. Crea a un galán cuya belleza alegrará tanto el corazón de Ereshkigal que se tranquilizará: «su semblante se iluminará». Después él debe pedir un odre, posiblemente con el pretexto de beber de él, y salpicar a Ishtar con su contenido para que ella pueda revivir.
Esta artimaña, sin embargo, fracasa. Encantada al principio con el aspecto de él, Ereshkigal repentinamente lo maldice con una gran maldición:

«El pan espigado de los arados de la ciudad será tu alimento,
los desagües de la ciudad serán tu único lugar para beber,
las sombras de las murallas de la ciudad serán tu única morada,
los peldaños de los umbrales tu único asiento,
la borrachera y la sed abofetearán tus mejillas.»

Pero, al maldecir al galán de Ea, perdona a Ishtar. Ordena a Namtar que la rocíe con las aguas de la vida y, en un pasaje totalmente simétrico que invierte el primitivo proceso, se le deja salir por cada una de las siete puertas por las que entró; en cada una vuelve a apoderarse en estricto orden de los símbolos de su divinidad, empezando por el soberbio adorno de su cuerpo y finalizando con la gran corona de su cabeza.

Impresión de cilindro-sello que puede representar a Dumuzi retenido en los infiernos, flanqueado por serpientes.

La epopeya acaba con Ishtar dando como pago por su liberación a Dumuzi, «el amante de su juventud», que vivirá de aquí en adelante en los infiernos. Cada año regresará a la tierra un día, en el que se harán los rituales. Esto probablemente se refiere al ritual del *taklimu,* que tiene lugar en el mes de Dumuzi (junio/julio), durante el cual se bañaba una estatua de Dumuzi, que era ungida y acostada con ceremonias en Nínive.

Nergal y Ereshkigal

Este es un mito que se superpone al Descenso de Ishtar a los Infiernos, compartiendo algunos de los personajes, la misma localización, y el papel de Ea aportando una solución. Como veremos, hay, no obstante, diferencias interesantes, como la introducción de una silla ritual, la imagen gráfica de una larga escalinata que sube y baja del cielo de los dioses, y el hecho de que es un dios, Nergal, el que hace el descenso y se convierte en marido de Ereshkigal.

El mito empieza con Anu que decide que, dado que le es imposible a Ereshkigal subir junto a ellos para asistir a su banquete anual, o a ellos bajar junto a ella, su mensajero debe venir a la mesa y coger la parte que le corresponde y bajársela. Anu envía a Kakka, su mensajero, para que se lo cuente a Ereshkigal. Kakka baja por la larga escalinata del cielo, y esta vez el portero lo recibe bien: «Kakka, entra, y que la puerta te bendiga.»

Hay siete puertas, pero Kakka no es despojado de nada cuando pasa a través de ellas. Tras las siete puertas Kakka se encuentra ante la presencia de Ereshkigal; arrodillándose, besa el suelo y transmite palabra por palabra el mensaje de Anu. Ereshkigal y Kakka intercambian después bromas, y ella decide enviar a su visir Namtar a por su parte.

Desgraciadamente, el texto está algo fragmentado en el momento en el que Namtar llega ante los grandes dioses, pero da la impresión de que el dios Nergal insulta a Namtar y es enviado por Ea a Ereshkigal. Nergal, no obstante, se provee de una silla especial que puede haber tenido un rol ritual para guardarse de los espíritus malignos. También lo avisa de antemano con el precavido consejo habitual: no sentarse en ninguna silla que le puedan traer, no comer ni pan ni carne, no beber cerveza, no lavar sus pies, y ciertamente no sucumbir a los encantos de Ereshkigal hasta después de que ella

> «...haya estado en el baño,
> y se haya vestido con un buen vestido,
> permitiéndote ver su cuerpo.»

Nergal vuelve su rostro hacia Kurnugi, que es descrito exactamente igual que en el Descenso de Ishtar. Cuando llega, el portero le hace esperar mientras va hacia Ereshkigal para informarle de su llegada. Entre tanto el visir Namtar ve a Nergal de pie a la sombra de la puerta.

> La cara de Namtar se volvió lívida como el tamarisco,
> sus labios se oscurecieron como el borde de una vasija *kuninu*.

Namtar le cuenta a Ereshkigal lo del insulto, pero ella no le da importancia y le dice a Namtar que traiga a Nergal junto a ella. Nergal pasa a través de siete puertas, cada una con un nombre, y después de pasar la séptima, la puerta de Ennugigi, entra en el amplio patio. Allí se arrodilla, besa el suelo delante de Ereshkigal, y explica que Anu lo ha enviado. Le traen un silla; no se sienta en ella. El panadero le trae pan; no lo come. El carnicero le trae carne; no la come. El cervecero le trae cerveza; no la bebe. Le traen una jofaina; no se lava los pies.

Ereshkigal se va al baño, se viste con buenas ropas, permitiéndole echar una mirada a su cuerpo y «Él resistió el deseo de su corazón de hacer lo que un hombre y una mujer hacen». Desgraciadamente su resistencia tiene una vida muy corta; tras una pequeña interrupción, Ereshkigal va de nuevo al baño, de nuevo se viste con buenas ropas y de nuevo le permite echar un vistazo a su cuerpo. Esta vez, «Él cedió al deseo de su corazón de hacer lo que un hombre y una mujer hacen.»

Abandonando toda timidez, Ereshkigal y Nergal pasan un primer y un segundo día, un tercer y un cuarto día, un quinto y un sexto día, juntos en la cama apasionadamente. Cuando llega el séptimo día, Nergal le dice que debe partir y asciende por la larga escalinata del cielo para presentarse ante Anu, Enlil y Ea.

Mientras tanto, en Kurnugi, las lágrimas corren por las mejillas de Ereshkigal:

> «Erra [Nergal], el amante de mis placeres,
> ¡yo no había tenido suficiente placer antes de que partiese!»

Namtar le ofrece ir junto a Anu, para «arrestar» a Nergal para que pudiese de nuevo besarla. Ereshkigal está de acuerdo:

«¡Vete, Namtar, debes de hablarle a Anu, Enlil y Ea!
Vuelve tu rostro hacia la puerta de Anu, Enlil y Ea,
para decirles que desde que yo era una niña
no he conocido los juegos de las otras muchachas,
no he conocido los retozos de los niños.
El dios que me enviasteis que me ha preñado, ¡que vuelva a dormir de nuevo
    conmigo!
Enviadnos de nuevo a ese dios, y que pase la noche conmigo como mi amante.»

Amenaza con que si no se lo envían otra vez, levantará de nuevo a los muertos de forma que sobrepasen en número a los vivos –la misma amenaza hecha por Ishtar en Kurnugi, y por Ishtar en la Epopeya de Gilgamesh cuando ella quiere el Toro Celeste.

Namtar asciende por la larga escalinata del cielo y repite palabra por palabra lo dicho por Ereshkigal, incluyendo su amenaza. Ea entonces dispone una ronda de identificación para que Namtar pueda encontrar al malhechor, pero Namtar no reconoce al pérfido. Regresa junto a Ereshkigal y le dice que en la asamblea de los dioses, hay uno que «estaba sentado con la cabeza descubierta, que parpadeaba y estaba encogido». Inmediatamente ella le dice que regrese y que traiga a ese dios.

En un pasaje del final algo fragmentado, Nergal es identificado y, armado de su silla mágica, desciende por la larga escalinata del cielo. No espera a que las siete puertas se abran: se lleva por delante a Nedu, el portero de la primera puerta, al segundo portero, al tercero, al cuarto, al quinto, al sexto y al séptimo. Cuando entra en el amplio patio, va hacia Ereshkigal y se ríe, y la saca del trono tirándole de los pelos.

Apasionadamente, se van a la cama, de nuevo durante un día, dos días, tres, cuatro, cinco y seis. Al séptimo día el texto se interrumpe, y no sabemos exactamente lo que pasa al final. Pero hay una versión mucho más corta y antigua del mismo texto (llamada la Versión de Amarna, ya que se encontró en Tell el-Amarna en Egipto), en la cual termina diciéndole Ereshkigal a Nergal, tras haber sido sacada del trono tan poco ceremoniosamente:

«Puedes ser mi esposo y yo puedo ser tu mujer.
Te dejaré que tomes
la realeza en toda la Tierra. Pondré la tablilla
de la sabiduría en tus manos. Tú puedes ser amo,
yo puedo ser ama.» Nergal escuchaba su discurso,
y la cogía y la besaba. Él secaba sus lágrimas.
«¿Qué es lo que me pides? Después de tantos meses,
¡así será!□

Mito y significado

Los mitos se pueden interpretar de varias maneras: pueden retratar fuerzas cósmicas personificadas, como, por ejemplo, cuando el caos es sometido por el orden; pueden reflejar sucesos históricos como campañas militares, la construcción de murallas y el regreso de estatuas de culto. Pueden servir sólo para propósitos de culto, por ejemplo, para ser recitados en la Fiesta del Año Nuevo; y lo que en ellos ocurre puede reflejar el ciclo de la naturaleza, reafirmando ante la audiencia que los dioses nacionales siguen ejerciendo su control. Todas estas interpretaciones son posibles cuando pensamos en los mitos mesopotámicos. Podemos igualmente identificar temas recurrentes, como el combate con unos oponentes de tamaño desmesurado o sin esperanza posible, la búsqueda de la inmortalidad o de la eterna juventud, o el viaje a los infiernos. Los héroes míticos comparten características universales: la valentía, el honor, la fidelidad y la belleza. Con frecuencia tienen nacimientos milagrosos, o padres y/o madres divinos. La manera en que un mito se graba en la comunidad no difiere mucho de una civilización a otra, y los mitos de Mesopotamia tienen improntas con resonancias en otras lenguas y de otros tiempos.

Pero en un sentido son excepcionales. Los mitos descritos en este libro están entre los primeros de los formulados y registrados. Sus orígenes se pierden en la noche de los tiempos, pero probablemente se remontan tan atrás como la época de construcción de las primeras ciudades en el transcurso del cuarto al tercer milenio a. de C., cuando las características de los dioses se atribuían a dioses reales y el prestigio de los dioses particulares se realzaba a propósito para honrar a los centros de culto y, por tanto, a sus habitantes.

Lo remoto de los temas, personajes y escenarios de estos mitos provocan un fuerte atractivo, a la vez que los separan de su audiencia moderna. Los occidentales estamos tan empapados de las tradiciones religiosas y literarias que proceden de la Grecia clásica y de la Biblia que, desde nuestro punto de vista contemporáneo e inevitablemente sofisticado, podemos estar tentados a adscribirles cualidades que no tenían en los tiempos de los antiguos mesopotamios. La misma comprensión de una concepción politeísta puede estar más allá de nuestras posibilidades; también debe tenerse muy en cuenta que nuestros conocimientos son incompletos: tenemos lo que puede ser sólo un pequeño número de piezas de un gran rompecabezas, sin ningún concepto del diseño global. Y hemos de recordar que estas tablillas no se hicieron para que nosotros las leyéramos.

Sin embargo, estudios más pormenorizados revelan características y modelos que nos ayudan a introducirnos más profundamente en el interior de estos mitos. Hemos visto que el ritmo de la acción es siempre majestuoso y lento, que

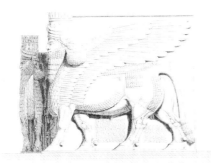

Dos toros alados flanqueando la entrada principal de la sala del trono del palacio de Sargón II (722-705) en Khorsabad: en su estado original (abajo) y la reconstrucción del artista (arriba).

Soporte de espejo de marfil de Enkomi en Chipre, en torno al 1200-1100 a. de C. Muestra el clímax de una batalla cósmica.

Placa de caliza coronada con la cabeza de un demonio, utilizada para repeler a los malos espíritus, un contingente de los cuales aparece en el otro lado. El registro superior representa símbolos de los dioses celestes, y los demonios amenazan al hombre enfermo en el tercer registro. El infierno está debajo.

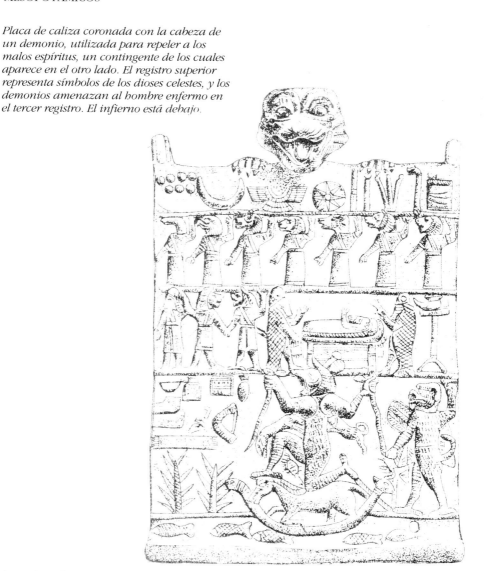

el cambio de escenario se realiza siempre por el simple recurso de que el héroe del mito vaya realmente allí. No existen narraciones paralelas que cuenten lo que les está sucediendo en ese momento y en otros lugares a otros personajes involucrados en la historia; sólo se elige un tiempo narrativo. El argumento se desarrolla de varias formas muy simples: por medio de sueños que presagian sucesos futuros, por conversaciones entre los principales protagonistas, por medio de dioses que dan órdenes y advertencias.

Hemos visto cómo la repetición es muy usada, normalmente palabra por palabra, sin elegantes variaciones de vocabulario. El realismo se refuerza por la repetición. Algunos pasajes de la Epopeya de la Creación se repiten en bloque hasta cuatro veces, y no hay un solo mito que no contenga tales repeticiones. A veces

Relieve escultórico de un poderoso héroe del tipo «Gilgamesh» que lleva un cachorro de león. Del palacio de Sargón II en Khorsabad.

se usan para elevar la tensión dramática, como, por ejemplo, cuando el águila lleva a Etana hasta el cielo de Anu, o cuando Gilgamesh está caminando a través de la tierra baldía. Sirven también para enfatizar la importancia de ciertos pasajes descriptivos y para animar a una audiencia que no está acostumbrada a las imágenes visuales, a usar los ojos de la mente para ver exactamente lo que les pasaba y cómo les iban las cosas a los héroes que estaban en acción. De esta manera, cuando la banda de demonios de Tiamat se describe una y otra vez, la audiencia era inducida a ver y sentir exactamente lo muy terroríficos y fantásticos que eran. Tal es el material del que está hecha la narración de historias.

Otro recurso épico es dar un número determinado para coronar el episodio con un número más alto. Así tenemos la coronación de los seis días con el

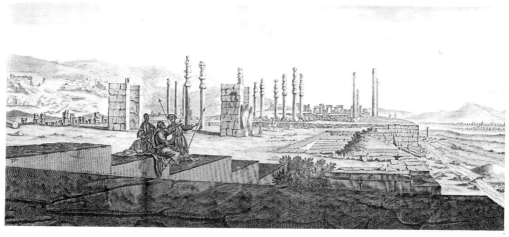

Vista romántica, publicada a principios del siglo dieciocho, de las ruinas de Persépolis.

séptimo tras el gran Diluvio, cuando el monte Nimush retiene la barca:

> Al primer y segundo día el monte Nimush retuvo la barca y no la dejó avanzar.
> Al tercer y cuarto día el monte Nimush retuvo la barca y no la dejó avanzar.
> Al quinto y el sexto día el monte Nimush retuvo la barca y no la dejó avanzar.
> Al llegar el séptimo día...

De igual manera Gilgamesh cae en un profundo sueño que dura seis días y seis noches. Al séptimo se despierta. Nergal y Ereshkigal están en la cama llenos de pasión durante seis días y seis noches. Al séptimo día la vida normal se reanuda. En la Epopeya de la Creación dos dioses son enviados para vencer a Tiamat. Fracasan y es el tercero, Marduk, el que lo vence. En la Epopeya de Anzu, tres dioses lo intentan y fracasan, y el cuarto, Ninurta, tiene éxito. Los números tienen un significado, especialmente el tres y el siete. Los sueños suelen venir de tres en tres, y los vientos y las armas, de siete en siete. La tensión se acrecienta por efecto acumulativo.

Intentar valorar el mérito literario de estos textos es sin duda emprender una tarea en la que hay infinitas oportunidades de equivocarse.

Los diferentes recursos literarios deben reflejar los gustos de la audiencia original, una audiencia cuyos gustos no descansaban tanto en un drama conmovedor cuanto en una complejidad sofisticada y en un propósito moralizante. Los dioses jugaban en la vida del mundo antiguo un papel muchísimo más importante que hoy, por lo que no nos resulta fácil comprenderlo en unos momentos en los que parece que hay explicación científica para todo. Sin embargo, nosotros mismos intentamos interpretar el mensaje de unos textos, sobre cuyos motivos –sus fines, estilos o contenidos– tenemos que admitir nuestras propias limitaciones. Tal vez deberíamos dejar que el simple placer –con el glorioso Gilgamesh, la seductora y enjoyada Ishtar, el pérfido Anzu, el orgulloso Marduk, el sabio Ea, el peludo Enkidu, el misterioso Ut-Napishtim, o Ereshkigal el de los labios oscurecidos– fuese el factor más importante. Al fin y al cabo, el arte de contar mitos tiene sólo un fin: encender la imaginación de los que los oyen o leen. El fuego de los mitos mesopotámicos todavía brilla con fulgor.◻

Sugerencias para posteriores lecturas

Aunque el acadio es una lengua escrita desaparecida en el siglo primero a. de C., nuestra comprensión de él continúa progresando. El gran diccionario asirio hecho por el Instituto Oriental de Chicago todavía se está publicando, y cada volumen nuevo genera inevitablemente algunas nuevas interpretaciones e ideas acerca de detalles de los textos antiguos, aun cuando el sentido general rara vez exige ser modificado. La obra más reciente que trata sobre la totalidad del corpus, a la que ya se hizo referencia en la introducción, es *Myths from Mesopotamia* de Stephanie Dalley (Oxford, 1989). Otras investigaciones recientes sobre la Epopeya de Gilgamesh, incluyendo algunos fragmentos no publicados hasta ese momento, están siendo llevadas a cabo por Andrew George y se publicarán bajo el título de *The Babylonian Gilgamesh Epic* por la *Oxford University Press.* Para una discusión altamente técnica de la epopeya, *The Evolution of the Gilgamesh Epic* de J.H. Tigay (Filadelfia, 1982) es probablemente lo mejor. *Atra-hasis: The Babylonian Story of the Flood* de W.G. Lambert y A.R. Millard (Oxford, 1969) es la obra clásica del texto completo de este mito.

Para una visión panorámica de los textos mesopotámicos como un todo, y también para comparaciones con otros textos antiguos, véase *Ancient Near Eastern Texts,* editados por James B. Pritchard (Princeton, 1969). Además de mitos, epopeyas y leyendas, incluye secciones de textos históricos y legales, rituales, encantos y descripciones de fiestas, himnos y oraciones, literatura didáctica y sapiencial, lamentaciones, cartas, textos de matrimonios sagrados y canciones de amor. Hay muchos libros sobre la historia y civilización de Asiria y Babilonia, entre los que quiero destacar A*ncient Mesopotamia* de A.L. Oppenheim (Chicago, 1977), *Babylon* de J. Oates (Londres, 1986) y *The Might That Was Assyria* de H.W.F. Saggs (Londres, 1984). La primera y la segunda obra han sido revisadas y puestas al día, y las tres proporcionan una útil información.

Sobre el redescubrimiento de este antiguo país, Seton Lloyd recientemente ha revisado y agrandado su fascinante y bien ilustrado libro *Foundations in the Dust* (Londres, 1980). Una excelente visión general del redescubrimiento de muchas civilizaciones antiguas nos la proporciona H.V.F. Winstone en *Uncovering the Ancient World* (Londres, 1985). Para la escritura cuneiforme, Christopher Walker, del Departamento de Antigüedades del Asia Occidental del Museo Británico, nos da un estudio completo, incluyendo algunos textos de ejemplo, en *Cuneiform* (serie *Reading the Past,* Londres, 1987).

Sobre el tema general del mito, hay, por supuesto, muchos cientos de libros y artículos cuya consulta es valiosa. En el contexto del Cercano Oriente , recomendaría *Myth: Its Meaning and Functions in Ancient and Other Cultures* (Cambridge, 1971) de G.S. Kirk [cuya traducción al castellano se puede encontrar en Ed. Paidós con el título de *El mito: sus significados y funciones en la Antigüedad y otras culturas*], y abarcando menos, *Middle Eastern Mythology* de S.H. Hooke, publicado por Penguin Books (1963).

En lo que a la bibliografía en castellano se refiere, son recomendables, entre otras las siguientes obras: *El cercano oriente* de Isaac Asimov (Alianza Ed.). *Los mitos hebreos* de Robert Graves y Raphael Patai (Alianza Ed.). *La historia comienza en Sumer* de Samuel Noah Kramer (Ayuda Ed.). *Sociedad y cultura en la antigua Mesopotamia* de Josef Klima (Ed. Akal). *Babilonia, auge y declive* de Joan Oates (Ed. Martínez Roca). *Mitos y leyendas de Canaán* de G. del Olmo (Ed. Cristiandad). *Historia económica y social del Antiguo Oriente* de V. I. Avdiev (Ed. Akal). *Mesopotamia: Historia política, económica y cultural* de George Roux (Ed. Akal). *Akal/Historia del mundo antiguo* (Oriente), especialmente los volúmenes: *Summer, Akkad, Babilonia* y *Asiria y su imperio.* También es interesante por constituir un buen panorama general el *Diccionario de Mitología universal* (Ed. Akal).❐

Índice de nombres y créditos de las ilustraciones

Mitos
Mesopotámicos

Agradecimientos

Quiero mostrar mi agradecimiento a la Dra. S. M. Dalley de la Universidad de Oxford por su amable y valiosa crítica del texto, y al Dr. Roger Moorey del Ashmolean Museum, así como a Christopher Walker, a la Dra. Dominique Collon y a Judy Rudoe del Museo Británico por su ayuda con las ilustraciones. También doy las gracias a mi marido Christopher por su continuo apoyo y ayuda.